프랑스 갈리마르 인물 역사 총서 **18**

노예

글 | 마리 테레즈 다비드슨, 티에리 아프릴
마리 테레즈 다비드슨은 그리스 고전을 전공했으며 현재 중등학교에서 고전 문학을 가르치고 있다. 그리스 문학과 문화에 대한 열정이 매우 남다르다.
티에리 아프릴은 1961년에 태어났으며 역사를 전공하였다. 그는 다양한 연령대의 학생들에게 역사를 가르쳤다. 선원과 해적들에 관한 책을 쓰기도 했다. 최근에는 모로코에서 아랍-이슬람 문화와 역사에 대해 공부하고 있다.

그림 | 크리스티앙 하인리히
1965년 슬레스타에서 태어났다. 어릴 때부터 그림 그리는 것을 좋아했으며, 스트라스부르 장식미술학교에서 그림을 공부했다. 여행하며 보고 느낀 것을 한 폭의 수채화로 표현하는 일에 전념하고 있다.

옮긴이 | 신선영
고려대학교 불어불문학과를 졸업했으며, 현재 프리랜서 번역가로 활동하고 있다. 옮긴 책으로는 《꼬마 니콜라》《앙리에트의 못말리는 일기장》《내 입을 이만큼 크게 만들어 주세요》《이름 보따리》등이 있다.

초 판 1쇄 2006년 9월 30일 발행
개정판 2쇄 2013년 1월 5일 발행

글 마리 테레즈 다비드슨 외 | 그림 크리스티앙 하인리히 | 옮김 신선영 | 발행처 종이비행기 | 발행인 나성훈 | 편집인 전유준
편집 김지현 이승민 | 교정·교열 최성옥 | 디자인 이영수 강혜경 홍진희 | 특판책임 채청용 | 제작책임 정병문 | 홍보책임 박일성
주소 서울 강남구 삼성동 153 | 전화 02-538-5003 | 팩스 02-539-5003 | 등록 제16-3584호 | ISBN 978-89-6719-018-7 74900

ⓒ Éditions Gallimard Jeunesse, Paris, 2003. All rights reserved.
Korean translation Copyright ⓒ 2006 by JB-FLY Publishing Co.
Korean edition is published by arrangement with Gallimard Jeunesse through Sibylle Books Literary Agency.
이 책의 한국어판 저작권은 Sibylle Books Literary Agency를 통해 Gallimard Jeunesse와 독점 계약한 종이비행기에 있습니다. 저작권법에 의해 한국 내에서 보호를 받는 저작물이므로 무단전재와 무단복제를 금합니다.

● **종이비행기**는 예림당의 가족회사로, 새로운 시각과 폭넓은 콘텐츠로 다가가는 **인문 과학 분야 전문 브랜드**입니다.

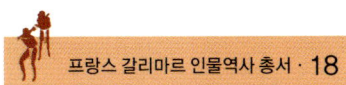
프랑스 갈리마르 인물역사 총서 · 18

노예

마리 테레즈 다비드슨, 티에리 아프릴 글 | 크리스티앙 하인리히 그림 | 신선영 옮김

종이비행기

《프랑스 갈리마르 인물 역사 총서》를 펴내면서

앞으로 우리 교육 환경은 쉼 없는 지식의 성장과 진화를 요구합니다. 하나의 주제에 대해 생각하는 데에도 종합적인 사고와 깊은 통찰이 있어야 합니다.

《프랑스 갈리마르 인물 역사 총서》 시리즈는 우리 어린이와 청소년들이 꼭 읽고, 익혀야 할 학습 내용을 쉽고 풍부하게 전달하는 데 초점을 맞추었습니다. 이 시리즈는 인문 교양 지식 분야에서 세계 최고를 자랑하는 프랑스의 갈리마르 출판사에서 발행한 역사, 인물, 신화, 문명에 대한 종합적인 교양서입니다.

이 시리즈에 들어 있는 주제들은 모두 어린이, 청소년, 어른까지도 꼭 알아야 할 내용들로 매우 흥미진진합니다. 세상이 처음 만들어진 이야기부터 한 시대를 이끈 영웅담, 고대 문화, 문명, 지리, 역사적 배경까지……. 마치 한 편의 웅장한 역사 드라마를 보는 것과 같습니다. 그 이야기를 누구나 쉽게 이해할 수 있도록 맛깔스럽게 구성하였습니다. 거기에 역사적 사건이나 당시의 상황을 뒷받침하는 풍부한 자료들을 덧붙여 먼 과거의 숨결이 살아 있는 듯 생생한 감동을 불러일으킵니다. 각각의 주제마다 모든 분야의 최고 전문가들이 하나하나 정성을 기울인 작품입니다.

첫째 지식 교양의 기초가 되는 신화, 역사, 문화, 인물의 발자취가 가득합니다.

로마, 율리시스, 이집트 신, 노예, 해적, 클레오파트라와 같은 인류 역사의 커다란 쟁점들을 사실적으로 재현하여, 놀라운 지식들을 경험할 수 있는 세계로 안내합니다.

둘째 어렵고 딱딱한 역사 지식을 전설이나 신화 같은 이야기로 흥미롭게 전달합니다.

쉽고 간결한 이야기체 구성으로 초등학생부터 청소년, 학부모에 이르기까지 누구나 단숨에 읽고, 쉽게 공감할 수 있습니다.

셋째 역사적 사실과 상상력을 바탕으로 한 구체적인 정보를 알차게 실었습니다.

이야기 중간 중간마다 그 당시의 역사적 사실과 배경 지식을 알 수 있는 다양한 사진이나 그림, 기록물을 꼼꼼히 넣고, 백과사전 같은 설명을 곁들여 학습 효과를 높여 줍니다.

넷째 원작이 주는 고유의 분위기나 상황을 충실히 살렸습니다.

지금까지 알려진 여러 가지 이야기 중에서도 가장 원전에 가까운 설화와 번역본, 문체까지 충실히 살려 독자들에게 정확한 교양 지식 길라잡이가 됩니다.

다섯째 학생들의 교과 과정과 관련 있으면서도 교과서에 나오는 내용 이상의 필수 지식이 실려 있습니다.

이 책은 교과서의 단편적인 내용을 보다 입체적으로 새롭게 보여 줍니다.

그 밖에도 《프랑스 갈리마르 인물역사 총서》가 주는 매력은 한두 가지가 아닙니다. 우리가 모르고 그냥 지나쳤던 역사의 수많은 발자취를 새롭게 발견할 때의 기쁨이란 이루 말할 수 없습니다. 그 기쁨의 주인공은 이제 여러분입니다.

이 책을 읽으면서 우리가 알고 있는 세계 역사와 문화를 보다 다양하고 입체적으로 바라볼 줄 아는 지혜를 얻길 바랍니다.

일러두기
① 국립국어원의 표기법에 따르며, 인명·지명은 되도록 해당 지역의 표기법에 따르도록 노력하였습니다.
② 세계 설화의 원문을 객관적으로 충실히 반영하여 독자에게 정확한 사실을 전달하는 것을 원칙으로 삼았습니다.
③ 어린 독자들에게는 좀 어려운 어휘 구사 (반복, 비교 따위)를 고려하여, 완전히 각색하지 않고, 가급적 눈높이를 맞추도록 하였습니다.

차례 contents

8 삼각 무역

사로잡힌 사람들 10

24 서아프리카의 사람들

그리고 팔려 가는 사람들 26

38 노예 매매

낯선 곳으로 40

52 대서양 횡단

플랜테이션 54

66 사탕수수와 설탕

저택 68

78 노예들이 하는 일

뒤바뀐 삶 80

90 처벌과 학대

도시에서 92

102 노예들의 반란

반란 104

116 서인도 제도의 사회

자유를 향하여 118

128 노예제 폐지 전쟁

1848 130

140 인종 차별의 문제

에필로그 137

142 역사에서 소설로

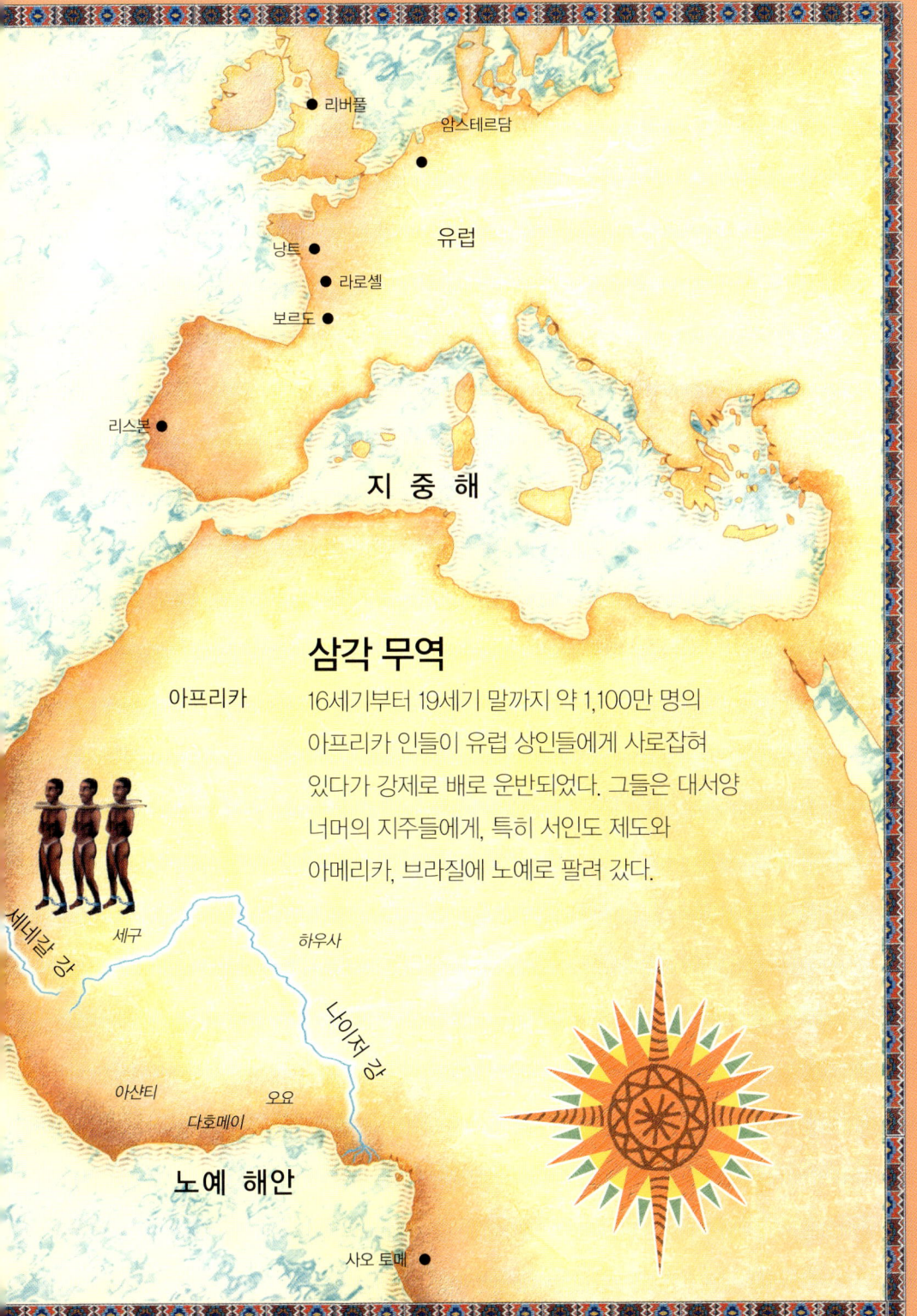

삼각 무역

16세기부터 19세기 말까지 약 1,100만 명의 아프리카 인들이 유럽 상인들에게 사로잡혀 있다가 강제로 배로 운반되었다. 그들은 대서양 너머의 지주들에게, 특히 서인도 제도와 아메리카, 브라질에 노예로 팔려 갔다.

사로잡힌 사람들

결국 몬조는 카리테* 나무 그늘에 앉아 쉬기로 한 것 같았다. 만갈라는 숨을 가쁘게 내쉬었다. 애써 몸을 숨겨 가며 메마른 풀숲을 헤치고 형을 따라온 지 몇 시간째인지 몰랐다. 어느새 높이 떠오른 태양은 햇빛을 마구 내리쪼이고 있었다. 열세 살인 만갈라는 키는 다섯 살 위인 형 몬조만큼 컸지만, 형만큼 힘이 세지도, 참을성이 강하지도 못했다. 만갈라는 잠깐이라도 숨을 돌릴 수 있게 되어 반가웠다.

도대체 무슨 일이 있었기에, 형 몬조는 동이 채 트기도 전에 아무도 몰래 공동 거주지*를 떠난 것일까? 전날 밤, 몬조는 사냥꾼 우두머리의 집에서 화가 나서 돌아왔다. 그가 이틀 뒤에 하기로 했던 사자몰이를 취소하기로 한 탓이었다.

"그게 다 저 사악한 주술사* 때문이야! 그자가 말하기를,

카리테
씨앗에 먹을 수 있는 일종의 '버터'가 들어 있는 아프리카산 나무.

공동 거주지
아내와 아이들이 있는 여러 형제가 더불어 사는 거주지.

주술사
신통력을 가지고 있어, 죽은 자들의 영혼에 신성한 힘으로 접촉할 수도 있고 영향력을 미칠 수도 있는 사람. 중요한 일이 있을 때면 그에게 조언을 구한다.

귀신들 얘기로는 이번 사냥이 위험천만하다는 거야. 자기만큼이나 겁쟁이인 귀신들한테만 물었겠지! 난 영양들 뒤꽁무니나 쫓자고 사냥꾼이 된 게 아니란 말이야!"
몬조는 화를 내며 소리쳤다.
공교롭게도 몬조는 이 거친 얘기를 엄마 니엘리 앞에서 했고, 엄마는 수두룩한 동생들이 보는 앞에서 마구 호통을 쳤다. 어찌나 창피스러운 일인지! 몬조가 기본 규율을 어긴 것은 사실이다.

어떤 경우에도 주술사나 부모, 어른들 말에 절대로 반박해서는 안 되었으며, 그들의 말에 의심을 품어서도 안 되었다. 평상시에는 어른들 말에 무조건 따라야 한대도 받아들이기가 그리 어려운 것은 아니었다. 세구*의 아이들은 일할 나이가 아닌 한, 학교도 다니지 않고* 거의 아무런 규율도 없이 자유롭고 즐겁게 살았다.

몬조는 파*인 느골로와 그의 첫 번째 부인인 니엘리의 맏아들이었다. 게다가 그는 잘생기고 건장한 데다 미소가 매력적인 젊은이였다. 그런 이유로 그는 사람들 모두에게 사랑받았고, 야단 한 번 맞은 적이 없었다. 그런 만큼 몬조는 어머니가 꾸짖는 것이 억울했을 것이다.

틀림없이 그 때문에 사냥꾼처럼 부적*에다 활과 독화살

세구
오늘날의 말리에 있는 도시. 18세기의 어느 강력한 왕국의 중심지였다.

학교도 다니지 않고
예외적으로 이슬람교도들은 읽고 쓰는 법을 배워야 한다.

파
공동 거주지의 맏형이자 책임자.

부적
신변을 보호해 주는 신통력이 있는 물건.

로 무장하고, 로인클로스* 한 장만 두르고서는 집을 떠난 것일 터였다. 몬조는 작은 봇짐도 하나 지고 있었다. 그는 거기서 조*로 만든 과자 하나를 꺼냈다. 그때서야 만갈라도 자기 뱃속에서 꼬르륵대는 소리가 요란하다는 걸 깨달았다!

그 순간엔 우러러보던 형도 소용없는지, 과자를 먹고 있는 형이 밉기까지 했다. 만갈라는 배고픔을 달랠 뭔가를 찾아 두리번거리기 시작했고, 결국 벌어질 일이 벌어지고야 말았다. 마른 수풀을 마구 헤집다가 그만 형에게 들키고 만 것이다. 한걸음에 다가선 형은 금방이라도 쏠듯이 활시위를 팽팽히 당기고 있었다. 겁먹은 만갈라는 어쩔 줄 모르며 손을 들었다.

"안 돼! 형, 쏘지 마! 나야, 만갈라야!"
"만갈라! 너 거기서 뭘 하는 거야? 내 뒤를 밟은 거야?"
"아냐. 형이 나를 두고 가는 걸 볼 수 없었어."
"너 미쳤구나? 네 어머니* 시라를 생각해 봤어? 겁에 질려 온갖 걱정을 다 하고 계실 거야!"
"그러는 형은? 형은 형 부모님이 걱정하실 거란 생각은 하기나 한 거야?"

이제 두 청년은 두 마리의 어린 수탉처럼 맞섰다. 그렇게

로인클로스
한 장의 천으로 기저귀나 치마처럼 몸을 감싸는 원시적인 옷.

조
볏과의 식물로 오곡의 하나.

어머니
아프리카 남자들은 흔히 아내를 여럿 두었고, 여러 아내한테서 자식을 낳았다.

사로잡힌 사람들 ■ 13

펠레
북동부 아프리카에서 왔을 것으로 보이는 유랑민.

 마주 선 그들을 보면 아무도 형제라고 생각하지 못할 터였다. 몬조는 키가 크고 튼튼했으며, 윤기가 흐르는 검은 피부였다. 하지만 **펠레*** 출신의 여죄수한테서 태어난 만갈라는 펠레 사람들이 흔히 그렇듯이 키는 컸지만 몸은 가냘팠고, 몬조보다 옅은 구릿빛 피부에 아몬드 같은 두 눈은 아주 컸다.
 몬조는 동생의 한결같은 마음에 누그러져 한 걸음 물러섰다. 몬조는 미소를 지어 보이며 동생을 얼싸안았다. 그러고는 돌아가라고 동생을 설득하려 애썼지만, 고집 센 만갈라는 아무 말도 들으려고 하지 않았다. 어린 동생을 이런 모험에 끌어들이는 것이 내키지는 않았지만, 몬조는 만

갈라를 데리고 다시 길을 떠났다.

　석양이 붉은빛과 금빛으로 졸리바*를 물들일 무렵, 형제는 언뜻 스쳐 가는 어느 강가 마을의 지붕들을 보았다. 몬조는 걸음을 재촉했다. 걸음을 조금 늦추며 거리를 두던 만갈라는 뒤에서 뭔가 스치는 소리를 듣고, 소스라치게 놀라 뒤를 돌아보았다. 하지만 무엇인지 알아볼 틈이 없었다. 그는 그대로 얻어맞고 쓰러진 것이다.
　다시 눈을 떴을 때, 만갈라는 머리가 깨질듯이 아팠다. 자신이 다친 것인지 확인해 보고 싶었지만 만갈라는 두 손과 두 발이 묶여 있어 꼼짝할 수 없다는 걸 알아차렸다. 고

졸리바
나이저 강 유역을 일컫는 아프리카식 명칭.

개를 살짝 들어 보니, 달빛에 형이 보였다. 몬조는 멀지 않은 곳에 널브러져 있었다. 한눈에도 몸이 좋지 않아 보였다. 형은 분명 가만히 당하고 있지만은 않았을 거야! 아직 숨은 붙어 있는 걸까?

빈정거리는 목소리가 뒤에서 들려왔다.

"드디어 귀여운 녀석이 눈을 떴군, 그래! 아무 문제 없이 다시 출발할 수 있겠어."

"덩치 좋은 키다리 놈이 몸을 추스를 때까지는 좀 기다려 줘야지."

"어쨌거나 저놈들 정도면 우리 수입이 꽤 짭짤할 거야!"

이 말이 끝나자 비웃음이 섞인 웃음소리가 높아졌다. 겁에 질린 만갈라는 사람들이 왜 그렇게 즐거워하는지 알기 위해 귀를 쫑긋 세웠다. 만갈라는 어머니 시라가 쓰는 풀라르 어*와 비슷한 몇 가지 말을 알아들었다고 생각했다. 어머니한테 생각이 미치자, 만갈라는 더욱더 괴로웠고 의문이 꼬리를 물었다. 어머니는 뭘 하고 계실까? 우리가 사라진 걸 알고 있을까? 우리를 찾고 있을까? 시간이 얼마나 지난 거지? 나도 내가 어디 있는 건지 모르겠는데, 사람들은 우리를 어디로 찾아 나서야 하는 걸까? 무엇보다 만갈라를 괴롭히는 의문은 이것이었다. 우리에게 앞으로 어떤

*풀라르 어
펠레 사람들이 쓰는 말.*

일이 벌어지려나?

　아이들을 잡아가는 도둑들을 떠올리자, 만갈라는 가슴이 미어졌다. 어린 여자 아이와 남자 아이들이 사라지는 일이 흔하다는 걸 만갈라도 알고 있었다. 고향 마을을 기억하기에는 너무 어린 나이에 노예가 된 아이들은 새로운 삶을 쉽게 받아들인다고 했다. 하지만 주위를 훑어본 만갈라는 자신의 생각이 잘못되었다는 걸 깨달았다. 가까운 곳에 널브러져 있는 몇몇은 어른 남자와 여자들이었던 것이다.

　등 뒤에 있는 악당 중 하나가 조금 떨어져 있게 되자, 만갈라는 제일 가까이 있는 남자한테 말을 걸려고 애썼다. 남자는 잠깐 동안 만갈라를 뚫어져라 보더니, 한마디 말도 없이 등을 돌려 버렸다. 만갈라는 깨달았다.

　'저 사람은 내 말을 못 알아들은 거야! 저 사람은 무슨 말을 쓰려나? 어디서 왔지?'

　그때 몬조가 몸을 움직이기 시작했다. 만갈라에게는 몹시도 다행스러운 일이었다. 형은 살아 있었고, 만갈라 혼자만이 낯선 곳에 내동댕이쳐진 게 아니었던 것이다. 낮은 소리로 속삭이기에는 두 형제가 너무 멀리 떨어져 있었다. 하지만 형제는 눈길을 주고받았다. 그것만으로도 서로의

젤라바
두건이 달리고 소매가 긴 외투.

터번
이슬람교도나 인도인이 머리에 둘러 감는 수건.

무어 인
피부색이 좀 더 밝은 북아프리카의 원주민.

호리병박
마른 껍데기를 그릇으로 쓰는 열매.

용기를 북돋워 줄 수 있었다.

　유괴범들은 그리 검지 않은 얼굴색과 젤라바*를 걸치고 터번*을 두른 차림새가 말해 주듯이, 북아프리카 출신의 무어 인*들이었다. 그들은 새벽녘에 조로 만든 죽이 가득 담긴 호리병박*을 하나씩 나누어 주고는 포로들을 강제로 일으켰다. 그제야 만갈라는 함께 붙잡혀 온 이들을 찬찬히 살펴볼 수 있었다. 녹초가 된 듯 보이고, 눈에 생기라곤 전혀 없는 어른 남자들과 여자들이었다. 그들의 맨발은 거의 모두가 피투성이였다. 저 발로 저 사람들이 걸을 수는 있을까? 언제부터 저렇게 된 걸까? 어디서부터? 어떤 남자들은 어깨와 목에 상처가 있었는데, 악당들이 포로들의 목에 끼워 둔 두 갈래의 기다란 나무 막대 때문에 생긴 상처였다. 목 둘레에 끼워진 그 갈퀴는 단단한 끈으로 막혀 있고, 기다란 막대는 앞에서 걷는 포로의 어깨에 놓여 있었다.

　자신의 차례가 되어 갈퀴를 뒤집어쓴 만갈라는 그걸 왜 씌워 놓은 것인지 깨달았다. 매우 빨리 걷기 시작하자 갈퀴의 빈 곳이 목을 조여 왔다. 다시 걸음을 너무 늦추면 나무 막대의 끝이 아래로 떨어졌다. 두 손이 등 뒤로 묶여 있어서, 나무 막대가 무겁게 가슴을 짓누르자 무릎을 꿇고 앉아야만 겨우 숨을 쉴 수 있었다. 유괴범들은 만갈라가

행렬에 다시 끼일 수 있게 도와주었다. 물론 욕을 퍼부어 대며 무지막지하게 두들겨 팬 후였다.

　포로들은 손에 채찍을 들고 말에 올라앉은 감시자들의 삼엄한 호위를 받으며 그렇게 하루 종일 걸어야만 했다. 몬조는 올가미를 풀려고 두세 차례 안간힘을 쓰다가 목이 졸릴 뻔하고서야 그만두었다. 밤을 보내기 위해 사람들이 멈추어 서자, 몬조는 꽁꽁 묶인 몸으로 또다시 달아나려고 애를 썼다. 하지만 죽도록 얻어맞고 채찍질을 당해 피투성이가 되어서는 결국 무릎을 꿇고 말았다. 몬조는 큰 힘이 되는 만갈라의 위로에 분을 억눌렀다. 만갈라는 형이 그렇게 얻어맞고 모욕당하는 것을 보자 가슴이 찢어지는 듯했다.

　두 형제는 때로는 함께 묶이기도 했다. 그럴 때면 그 틈을 타서 서로 말을 주고받고, 서로의 용기를 북돋워 주었다. 몬조는 형 노릇을 하려고 애썼고, 자신을 짓누르는 절망적인 감정을 물리치려고 노력하며 될 수 있는 한 자신감 넘치는 모습을 보여 주었다. 동생이 사로잡힌 것을 자기 탓이라 여겼기 때문이다. 몬조는 때때로 재미있던 추억을 얘기해 주었고, 동생은 웃음을 터뜨렸다. 자신에게 닥친 상황이 힘겹기만 한 어린 소년은 형 덕분에 기운을 얻었다. 하지만 만갈라는 걷는 것조차 버거웠다. 특히 처음에는 악당들이 마구잡이로 밀어붙이는 까닭에, 만갈라는 몸을 가누지 못할 지경이었다. 하지만 그것도 점차 익숙해져 갔다.

하지만 함께 있는 사람들이 겪는 불행에는 결코 익숙해질 수 없었다. 처음으로 포로들 중 하나가 일사병* 때문인지 곤충이나 뱀에 물려서인지 알 수 없는 병으로 쓰러지고, 악명 높은 갈퀴에 목이 졸려 죽어도 감시인들은 무심한 눈길만 던질 뿐이었다. 만갈라는 울지 않으려고 이를 악물었지만 뜻대로 되지 않았다. 만갈라는 눈물을 감추기 위해 고개를 돌려야 했다.

그보다 더한 일도 있었다. 악당들이 한 여자와 두 어린아이를 죽어 가도록 놔둔 일이었다. 그 여자는 세 살과 여섯 살쯤으로 보이는 아이들을 데리고 있는 엄마였다. 이틀 동안 시간이 멈춘 듯 가는 길은 고되었고, 끝이 보이지 않았다. 결국 어린 아들을 등에 업은 여자가 땅바닥에 쓰러져 버렸다. 기력이 다해 도저히 걸을 수 없을 듯 보였다. 호된 채찍질을 비롯한 그 무엇으로도 여자를 다시 일으킬 수 없었다. 그러자 여자가 있던 무리의 사람들도 여자를 놓아두고 멀어져 갔다.

만갈라는 그래도 애써 걸음을 늦춰 가며 여자를 기다렸

> **일사병**
> 오랜 시간 햇볕을 쬘 때 생기는 병으로, 때로는 심각한 병이 되기도 한다.

지만 만갈라에게 돌아온 것이라고는 숨통을 막는 갈퀴의 무게뿐이었다. 가장 끔찍한 것은 쓰러진 여자의 딸인 여섯 살 계집아이의 일이었다. 처음에는 엄마가 북돋워 주는 용기에 힘을 내어 포로들을 쫓아오던 아이였다. 그런데 엄마가 쓰러지자, 계집아이는 뒤돌아서더니 울면서 엄마한테 달려갔다. 몇몇 포로들이 아이를 불렀지만 소용없었다. 아이가 결국 죽을 거라는 걸 모두들 알고 있었다. 아이의 엄마와 동생처럼…….

이와 같은 사건들이 꼬리에 꼬리를 물고 이어졌다. 하지만 그 무엇도 만갈라의 마음을 짓밟지 못했다. 만갈라는 자신이 어느새 나이가 들어 버렸음을 느꼈다. 철없던 유년기를 벗어난 것이다.

만갈라는 며칠 동안 말없이 웅크린 채, 차라리 죽는 게 더 낫지 않을까 고민했지만 이 잔혹한 기억을 딛고 다시 일어섰다.

계속해서 숫자가 늘어나던 포로들의 행렬은, 대초원과 바위 고원을 가로질러 수 킬로미터를 걸어간 뒤에 두 번째 강인 세네갈 강에 이르렀다. 이 강을 따라가면 목적지에 다다를 것이다. 이것은 만갈라가 악당들의 대화에서 알아들은 내용이었다. 사실 잡혀 온 뒤로, 만갈라는 그들의 말을 알아듣는 실력이 눈에 띄게 부쩍 늘어났기 때문이다. 악당들의 말뿐 아니라 포로들의 말도 알아들을 수 있게 되었다. 그것은 그의 머리 회전이 빨라서이기도 할 테지만, 단지 주위에서 밤바라 어*와 풀라르 어, 그 두 언어로 말하는 걸 늘 들어 왔기 때문인지도 몰랐다. 만갈라는 모든 사람들과 함께 어려운 고비를 넘기는 법을 아주 빨리 터득했다. 그렇게 해서 만갈라는 다른 사람들과 달리, 유괴범들을 포함한 모든 이들과 몇 마디는 주고받을 수 있게 되었다.

몇 날 며칠을 걷고 또 걸어서 그들은 세구 지방의 그 어떤 도시와도 닮지 않은, 흙벽이 세워진 거대한 도시가 보이는 곳에 이르렀다. 그들의 기나긴 여정의 종착지인 생루이*에 도착한 것이다.

밤바라 어
세구 지방에서 대다수 사람들이 말하는 언어.

생루이
아프리카 세네갈 북서부의 생루이 섬에 있는 도시.

18세기 말의 서아프리카에는 수많은 사람들이 살았다. 유목민과 농부, 정착한 장인과 상인 등 그들은 저마다 주요 활동에 전문적으로 몸을 담았다.

강력한 왕국들
오요, 다호메이, 아샨티 왕국들은 흑인 매매에 참여했다. 그 지역의 모든 자유인들은 늘 노예로 팔릴지도 모르는 위협에 시달렸다.

▼ 옛 다호메이 왕국의 수도였던 베냉 시. 다페르의 판화

ⓒ RMN

몬조는 사냥꾼 우두머리의 집에서 화가 나서 돌아왔다. 그가 이틀 뒤에 하기로 했던 사자몰이를 취소하기로 한 탓이었다.

거래 구조
왕국과 제국들은 서아프리카 민족들 간의 전쟁에서 태어났다. 승리자들은 패배자들에게 노예를 바칠 것을 요구했다. 아라비아-이슬람 세계(7세기부터)에 이어 유럽(15세기부터)에서도 마찬가지로 노예들을 필요로 했다. 따라서 아프리카 중개상들은 아라비아와 유럽의 노예상들에게 남자와 여자, 아이들을 구해 주고 자신들의 수입을 올리기 위해 다양한 방법(매매, 납치, 마을 공격)을 동원했다.

유목민
이들은 목초지들을 따라다니며 가축들을 길렀다. 가축들한테서 얻은 생산물을, 마을을 이루어 정착한 농부들이 제공하는 곡식이나 다른 물품들과 맞바꾸었다.

강

아주 먼 지역의 사람들과 교류하는 수많은 상인들은 아프리카 서부의 강력한 강줄기를 가로질렀다.

◀ 사냥 무기인 도공 활. 반디아가라 절벽

▲ 말리의 나이저 강으로 상인들을 실어 나르는 배

▲ 유목하는 혹소들

사냥

밭을 일구기 어려운 지대에서는 사냥이 먹을 것을 구할 수 있는 주요 수단으로 남아 있었다. 사냥감이 되는 수많은 동물들은 때로 위험하기도 했다. 단순한 무기로 사나운 짐승들을 물리치는 것은 용기와 용맹성을 증명해 보이는 방법이었다.

▲ 말리의 농부 마을

그리고
팔려 가는 사람들

    포로들은 눈앞에 펼쳐진 광경에 어리둥절해하며 맞은편 항구까지 도시를 가로질러 갔다. 높다란 나무집들과 마차들, 피부색이 검은색, 갈색 혹은 흰색으로 제각각인 군중들, 갖가지 모양과 갖가지 색깔의 옷들…… 적막*한 삼림 지대에 익숙해진 그들은 시끄러운 소음에 귀가 먹먹했다.

    포로들은 자신들이 다른 사람들 손에 넘어갔다는 걸 알아차렸고, 석조 건물들 속에 빽빽이 들어찬 배들을 지나쳐 온 뒤에야 자신들이 어디에 와 있는 건지 갈피를 잡았다. 감시자들은 채찍질로 남자들은 이쪽, 여자들은 저쪽, 그동안 용케도 살아남은 아이들은 오른쪽, 노인들은 왼쪽, 이런 식으로 들여보내며 사람들을 갈라놓았다.

    그것을 보면서, 만갈라는 형과 함께 가게 해 달라고 모든 신들에게 빌었다. 신들이 만갈라의 기도를 들은 모양이었

적막
고요하고 쓸쓸함.

다. 사람들을 갈라놓는 일을 맡은 물라토*가 잠시 망설이더니 만갈라를 아이들이 아니라 청년들이 있는 쪽으로 보낸 것이다.

그렇게 해서 만갈라는 형 몬조와 함께 있게 되었다. '우리가 안 닮은 게 천만다행이야!' 새 감시자들이 한 가족을 뿔뿔이 갈라놓는 것을 주의 깊게 본 만갈라는 생각했다. 포로들이 들여보내진, 더 정확히 말하면 '내동댕이쳐진' 헛간은 반쯤 열린 공간이었다. 두 벽은 모퉁이로 맞닿아 있었지만, 다른 두 벽이 있어야 할 자리에는 커다란 말뚝들만 일정한 간격으로 늘어서 있었다. 말뚝들 위와 벽에는 커다란 금속 고리들이 박혀 있었다. 그리 똑똑한 사람이 아니라도 그 고리들이 어디에 쓰일지는 쉽게 알 수 있었다. 모든 포로들은 사슬과 수갑으로 그 고리에 매여 있었고, 때로는 너무 단단히 매여 있어 겨우 앉을 수 있을 정도였다.

무기력해질 대로 무기력해져 모든 걸 체념한 대다수의 사람들은 자신들한테 어떤 일이 일어날지 생각하려고도 하지 않았다. 하지만 몬조와 또 다른 세 남자는 체념하기는커녕 엄청난 분노에 휩싸여 있었다. 감시자들이 그들을 묶어두려고 하자, 그들은 미친 듯이 몸부림을 치다 격렬한 매질

> **물라토**
> 백인 아버지와 흑인 어머니 사이에서 태어난 혼혈인. 그 반대의 경우는 훨씬 드물다.

을 당하고는 잠잠해졌다. 그 뒤로 그들은 몇 날 며칠이고 망을 보면서 감시자들이 잠깐이라도 한눈파는 틈을 노렸다. 하지만 포로들과 같은 흑인 감시자들은 총을 든 채 입구에 붙박여 서서 경계를 늦추지 않았다. 공포를 이겨 낸 만갈라는 우선 형의 분노를 누그러뜨리려고 애썼다.

"형이 계속 이런 식으로 반항하면 저들 손에 죽을지도 몰라. 그런 생각은 안 해 봤어?"

"입술은 찢어지고, 오른뺨은 퉁퉁 부은 데다 한쪽 눈은 떠지지도 않아. 이렇게 사느니 될 대로 되라지."

몬조는 얼굴을 찌푸린 채 대꾸했다.

"여기서 단념할 참이구나!"

만갈라의 말에 몬조는 잠자코 있었다. 민감한 문제를 건드렸다는 걸 깨달은 만갈라는 형의 아픈 곳을 일깨워 놓은 것을 후회했다.

"대놓고 반항하는 건 아무런 도움이 안 돼. 저자들은 우리보다 훨씬 강해. 하지만 저자들이 방심할 땐 우리도 뭔가 해 볼 수 있을 거야."

만갈라는 몬조에게 다시 희망을 주기 위해 이렇게 덧붙였다.

만갈라는 자기가 한 말을 믿어 의심치 않았으며, 고향 세

첩
결혼하지 않고 남자와 함께 사는 여자.

반감
반대하는 감정.

사라콜레 인과 하우사 인
서아프리카의 두 종족.

여독
여행 때문에 생긴 해독이나 피로.

구가 멀어져 가면서 점차 무너지는 듯이 보이는 형과는 반대로, 만갈라는 정신을 똑바로 차렸다. 그는 고향에서는 쓸모없는 포로 출신인 첩*의 아들이었고, 공동 거주지 안에서 몬조와 서열이 달랐다. 그래서 아주 어릴 때부터 악운을 받아들이고 적응하는 데 익숙해져 있었다. 그 때문에 그는 주변의 일에 주의를 기울이고, 아주 작은 정보라도 놓치지 않으려고 노력했다.

도착한 다음 날, 감시자들은 그들을 뜰로 나가게 했다. 감시자들은 그들을 완전히 벌거벗기고는 커다란 모자를 쓴 어느 백인 앞으로 데려갔다. 몬조는 몸부림쳤지만, 늘 그랬듯이 부질없는 짓이었다. 결국 몬조는 백인이 자신을 이리저리 살피도록 내버려 둘 수밖에 없었다. 만갈라도 반감*이 일고 수치스러웠지만 시키는 대로 했다. 백인 남자는 만갈라의 몸을 만지고, 입을 벌리게 하고, 두 팔과 두 다리를 벌리게 했다. 만갈라는 자신이 인간이 아니라 짐승이 된 듯한 기분이었다!

신체검사가 끝나자, 사라콜레 인과 하우사 인*인 두 사람은 다른 곳으로 보내졌다. 어디로 가는 거지? 왜 보내는 걸까? 곰곰이 생각해 보니, 그들은 둘 다 여독*에서 몸이 회복되지 못한 상태였다. 녹초가 된 사라콜레 인은 등에

살이라곤 없이 앙상했고, 음식을 먹을 힘마저 남아 있지 않았다. 하우사 인은 특히 다리에 끔찍한 고름투성이의 상처가 있어서 제대로 움직이지도 못했다. 두 사람 모두 건강 상태가 몹시 좋지 않아 당연히 팔려 갈 수조차 없었던 것이다. 저들을 어떻게 하려나? 치료해 줄까? 병든 짐승처럼 죽일까? 만갈라의 머릿속에서 그 의문은 오랫동안 떠나지 않았다. 하지만 그는 그 의문에 대한 답을 결코 찾지 못했다.

그 후부터 사람들은 이따금 커다란 물통에서 포로들을 씻겼고, 포로들은 매일같이 직접 양치질을 하고 눈을 씻어야 했다. 만갈라는 건강 상태가 좋은 사람들은 비싼 값에 팔릴 거라는 걸 이내 깨달았다. 그것은 만갈라가 오래전부터 짐작하던 것이었다. 하지만 팔린다니, 도대체 누구한테?

만갈라는 헛간에 도착한 뒤로 포로들이 훨씬 잘 먹고 있다는 것을 알아차렸다. 잘된 일이긴 했다. 하지만 왜일까? 걸핏하면 매질을 해 댔으니, 그들이 포로들에게 좋은 마음으로 그러는 것은 아니었다. 만갈라는 여행이 끝나 갈 즈음에 엿들은 무서운 대화를 떠올렸다. 감시인들은 '사람을 잡아먹는 백인'에 대해 자기들끼리 떠들고 있었던 것이다. 그게 사실이라면, 그들을 생루이에서 보았던 백인들의

먹을거리로 만들기 위해 살찌우고 있는 게 아니겠는가?

이런 생각 때문에 오랫동안 만갈라는 제대로 먹지도, 잠들지도 못했다. 하지만 만갈라는 형 몬조에게는 아무 말도 하지 않았다. 형도 자기만큼이나 무력하다는 것과, 형의 마음을 더 어지럽히는 건 아무 도움이 되지 않는다는 것을 알고 있기 때문이었다.

그러던 어느 날, 감시자들은 그들을 특별히 세심하게 '단장'시킨 뒤에 엄중한 감시를 받고 있는 외딴 장소로 데려갔다. 그곳에서는 벌써 수많은 포로들이 그들처럼 벌거벗고 사슬에 묶인 채로 서로 밀쳐 대고 있었다. 만갈라와 몬조는 아는 얼굴이 있는지 찾아보던 중이었는데, 어린 소녀들이 형제의 주의를 끌었다. 몬조는 한 소녀를 보고는 아주 오랜만에 입가에 미소를 머금었다. 작고 가냘픈 그 소녀는 아주 어려 보였고, 부끄러워서인지 눈길을 떨어뜨리고 있었다. 소녀는 아주 잠깐 눈을 들었고, 그녀의 빛나는 눈이 몬조와 마주쳤다. 몬조는 소녀에게 매혹*당했음을 느꼈다. 하지만 몬조가 아주 작은 몸짓이라도 해 보려 하자 소녀는 어느새 눈을 감아 버렸다. 만갈라는 짧은 순간 동안에 형과 소녀의 시선이 오간 것을 알아차렸고, 아주 조금이나마 질투를 느꼈다.

매혹
남의 마음을 사로잡아 호림.

바로 그때 백인 남자 여러 명이 도착했다. 그들은 피부색이 그리 검지 않은 물라토들과 백인들처럼 옷을 차려입은 흑인들한테 안내를 받으며, 포로들이 무리를 지어 있는 곳 한가운데로 들어왔다. 백인들은 자리를 잡고 앉았고, 포로들은 그들 앞에 늘어섰다. 똑같은 신체검사가 다시 시작되었다. 그것은 언제나 치욕적*이었다. 자기 차례가 되자, 몬조는 그토록 마음을 끄는 소녀를 차마 볼 수 없어서 눈길을 떨어뜨렸다. 하지만 소녀 역시 그 무엇도 그 누구도, 더 이상은 바라보지 않았다. 백인의 조수들만이 포로들을 주의 깊게 살피면서 때때로 졸렬*한 몸짓이나 거친 욕설을 하며 웃어 대기도 했다. 하지만, 대개는 빈틈없이 이것저것을 심

치욕적
욕되고 수치스러운.

졸렬
천하고 너그럽지 못함.

각하게 계산했다.

그러고 나서 그들은 백인 우두머리가 지목한 포로들을 모두 데려갔다. 몬조와 만갈라, 아까 그 소녀도 지목당한 포로 중 하나였다. 멀찌감치 떨어진 곳에서, 불그스름한 화로 앞에 선 남자들이 바삐 움직이고 있었다. 고통에 찬 울부짖음과 슬픈 비명 소리가 한순간 스쳐 지나가고, 허울뿐인 질서를 바로잡기 위한 채찍질 소리가 울려 퍼지기 시작했다. 포로들은 하나같이 화로 가까이에 강제로 무릎을 꿇린 채 앉아 있었다. 애나 어른이나 상관없이 비참한 꼴을 당하는 모든 동료들과 마찬가지로, 만갈라와 몬조는 벌겋게 달구어진 쇠붙이가 어깨를 물어뜯는 끔찍한 통증을 느꼈다. 낙인이 찍힌 것이다.

몇 시간 뒤에, 사슬로 엮인 긴 행렬이 행진을 시작했다. 이번에는 무장한 백인들이 그들을 감시하고 있었다. 세네갈과 졸리바밖에 모르던 포로들은 바다의 어마어마한 크기에 놀라 뒷걸음쳤고, 길게 늘어진 행렬에서는 웅성거림과 외침 소리가 울려 퍼졌다. 행렬은 채찍질에 발작하듯 멈추어 서다 가다 하면서 앞으로 나아갔다. 그렇게 그들은 아프리카를 떠나게 되는 것이었다. 온갖 두려움이 다시금 솟구쳤다. 만갈라는 백인들이 '식인종'이라는 말을 들은

게 자기 혼자만이 아니라는 사실을 깨달았다.

더 끔찍한 일은, 포로들을 배에 태울 때에 일어났다. 가장 힘센 사람들을 꼼짝 못하게 하려고 남자들을 줄줄이 사슬로 묶어 놓았는데, 묶인 사람들 중 두 명이 그만 절망감을 이기지 못하고 바다에 몸을 던져 버렸다. 그 바람에 함께 사슬에 엮인 동료들도 같이 끌려 들어가 빠져 버리고 말았다. 형 몬조가 힘도 쓰지 못하고 물에 끌려 들어가 죽을 지경이 된 것을 보자, 만갈라는 이성을 잃고 소리를 지르기 시작했다. 하지만 이미 두 명의 백인이 장대를 가지고 바삐 움직이고 있었다. 맨 처음에 물에 뛰어든 사람과 몬조는 제때에 건져 올려졌지만 다른 두 사람은 때가 너무 늦어서, 같이 엮인 이들과 함께 격렬히 몸부림치다가 수면 아래로 사라져 버렸다.

자살을 시도했던 이들은 나중에 벌을 받게 될 것이다. 다른 이들은 **정박지***에서 기다리는 커다란 배까지 실려 갔다.

이리저리 떠밀려 초췌해질 대로 초췌해진 사람들은 **갑판***에 오른 뒤에 배 안으로 거칠게 내동댕이쳐졌다. 그곳은 배의 밑바닥이었다! 들어가고 들어가도 자리가 있는 걸 보면 엄청나게 넓은 배인 것 같았다. 장애물이라곤 천장뿐이었다. 천장이 너무 낮아서 머리를 부딪치지 않으려면 네

정박지
수심이 충분히 깊은 항구가 없을 때 배가 닻을 내릴 수 있도록 바다 한가운데에 마련해 놓은 장소.

갑판
배의 몸체를 덮는 나무 판.

발로 기다시피 해서 걸어야 했다. 그리고 입구에서 멀어질수록 어둠도 짙어졌다. 그들보다 먼저 배에 타고 있던 이들이 묶여 있는 곳에 이르자, 더 들어가는 걸 멈추어야 했다. 만갈라는 옆 사람에게 걸려 넘어졌고, 자기 몸 위로 다른 사람이 곧바로 넘어지는 것을 느꼈다. 다들 자기 자리를 찾아 들어가자마자 자기들 발목에 채워진 족쇄가 철커덕 하고 음산한 소리를 내는 것을 느꼈다.

  몬조는 자리에 내내 없었고, 만갈라는 형의 커다란 그림자를 찾아보려 애를 썼지만 헛일이었다. 시간이 흐를수록 만갈라의 괴로움은 더해 갔다. 그러던 중 창백한 불빛이 고인 우물 같은 들창에서 마침내 형을 보았다. 형은 꽁꽁 묶인 채로 작은 봇짐처럼 밧줄 끝에 매달려 내려오고 있었고, 다른 남자들도 그 뒤를 이었다. 그들은 저항하려고 안간힘을 썼지만 결국 차례로 어둠에 삼켜지듯 사라졌다. 마지막으로 남은 뱃사람들은 맡은 일을 끝내자 빛이 새어 나오는 쪽으로 올라갔고, 들창은 둔중한 소리를 내며 다시 닫혔다.

유럽인들은 그들의 아메리카 식민지에서 일할 수 있는 노동력을 필요로 했다. 그들은 아프리카에서 아프리카 상인들에게 다양한 물품을 주고 노예들을 곧바로 손에 넣었다.

▼ 노예 매매가 이루어지던 항구 중 하나였던 라로셸.
  베르네, 캔버스에 유채, 1762년

교역용 구슬
인도양에서 수집한 조개껍데기, 혹은 유리로 된 보석인 '구슬들'은 노예와 맞바꾸는 데 쓰였다. 유럽인들에게는 큰 가치가 없었지만, 아프리카에서는 동전으로 쓰였다.

▶ 교역용 구슬

▶ 낭트의 노예상 간판.
  대리석, 18세기

▲ 유럽에서 만들어져 아프리카에 판매된 검.
낭트의 '아바티스' 검

포로들은 눈앞에 펼쳐진 광경에 어리둥절해 하며 항구까지 도시를 가로질러 갔다.

삼각 무역
노예 매매의 통로는 국제적이었다. 유럽의 항구들에서 물건들을 싣고 출발한 배는 아프리카로 와서 노예들과 물건들을 맞바꾸었다. 아메리카로 실려 간 노예들은 물품들과 거래되고, 거래된 물품은 또다시 유럽으로 들어갔다. 유럽과 아프리카, 아메리카 간의 교역이라는 이유로 사람들은 이 무역을 '삼각 무역' 또는 '노예 매매' 라고 불렀다.

출발
사로잡힌 노예들은 해안에 자리 잡은 폐쇄된 '바라쿤(baracoon)' 안에 모여 있었다. 바로 이곳에서 거래가 이루어졌다. 한 달에서 넉 달은 선박을 채우는 데 소요되었다. 팔린 노예들은 배에 실려 아메리카로 떠났다. 세네갈의 먼 바다에 있는 고레 섬에 세워진 요새는 노예들을 배에 태우는 장소 중 하나였다.

▼ 고레의 요새. 판화, 18세기

유럽의 항구
프랑스 항구의 상인들(낭트 사람들이나 라로셸 사람들)뿐만 아니라, 포르투갈 인, 아메리카 인, 스페인 인, 네덜란드 인들도 노예 매매를 했다. 1500년과 1850년 사이에 유럽의 노예상들은 약 1,100만 명의 아프리카 노예들을 아메리카로 강제 이주시켰다.

낯선 곳으로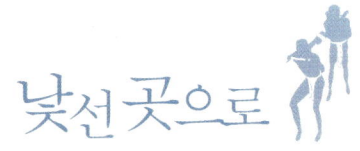

처음에는 고요했다. 그곳은 무덤 속이었고, 그들은 죽은 자들이었다. 그 뒤에는 머리 위로 가볍게 종종걸음을 치는 소리가 들려왔다. 뱃사람들이 외치는 소리 뒤로, 흐느낌과 아주 흡사한 웅얼거림이 계속 이어졌다. 남자들의 뒤를 이어 여자들과 함께 배에 올라탄 아이들의 소리인 듯했다.

그러고 나서 남자들이 각자 자기네 말로 사람들을 소리쳐 부르기 시작했다. 그것은 하우사, 말린케, 요루바 족들이 쓰는 방언*이 뒤죽박죽된 소리였다. 저마다 자기 마을 사람, 자기 부족 사람을 찾는 거였다. 귀가 단련된 만갈라마저도 그 소란 속에서는 어떤 말도 알아듣지 못했다. 모습을 감춰 주는 어둠에 휩싸이자, 수치심 때문에 참고 있던 이들은 크나큰 절망감을 이기지 못하고 울음을 터뜨렸다. 용감한 이들은 돌아가며 각자의 얘기를 하면서 불안한

방언
한 지방, 한 부족에게 고유한 언어.

마음을 달랬다. 하지만 해답은 나오지 않았다. 상인들은 포로들의 가족을 뿔뿔이 흩어 놓고 각자 힘없이 자신의 절망감과 마주하게 하면서, 자기들의 일을 제대로 해내고 있었던 것이다.

  난데없이 비명 소리와 명령이 떨어지는 소리, 쇠붙이가 철커덕거리는 소리가 들려왔다. 갑판 전체가 들썩이는 듯했다……. 배가 출발한 것이다! 또다시 '화물'*들 사이로 공포 어린 한탄과 비명 소리가 퍼져 나갔다. 만갈라는 새로운 두려움이 밀려오는 것을 느꼈다. 사람들이 겹겹이 쌓여 있다시피 한 요동치는 배, 숨통을 막는 주위의 열기, 겁에 질린 무리들의 냄새, 그 모든 것 때문에 병이 날 것 같았다! 만갈라는 결국 먹은 것을 반은 제 몸에, 반은 옆 사람에게 게워 내고서야 주변의 거북한 냄새가 어디서 나는 것인지 깨달았다. 몇 시간이 지나자, 배 밑바닥은 온통 더러워지고 악취를 풍겼다. 어떤 사람은 차마 옆 사람을 쳐다보지도, 말을 걸지도 못했다. 하지만 서쪽의 늑재* 가까이에 있는 운 좋은 이들은 벌어진 틈으로 여전히 아프리카 해안을 내다볼 수 있었고, 덕분에 아직은 절망의 밑바닥으로 떨어지지 않았다.

  이틀 뒤에 배는 또다시 정박*했다. 사람들은 포로들을

'화물'
배에 실린 물건들, 여기서는 포로를 이르는 말.

늑재
선체의 바깥쪽 뼈대를 덮는 나무판.

정박
배가 닻을 내리고 머무르는 일.

더 엄중히 감시하며 배에 가둬 두었다. 포로들에게 먹을 걸 갖다 주는 뱃사람들은 여전히 숫자가 많았고 호위를 받고 있었다. 그곳에서 오랫동안 지체하는 듯했다. 만갈라는 흐르는 시간의 개념을 잃어버렸고, 꿈꾸는 것 말고는 더 이상 아무것도 할 수 없었다.

그의 영혼은 점차 몸을 떠나 세구를 향해 날아갔고, 어머니 시라가 맛있게 구워 주던 구수한 과자 냄새가 코끝에 느껴지는 듯했다. 만갈라는 어릴 적에 어머니가 조용히 불러 주던 감미로운 자장가 소리를 듣고 있었다. 그런데 그 목소리가 갑자기 갈라졌다. 구슬프게 흥얼거리고 있는 것은 바로 만갈라였던 것이다!

몬조가 그를 외쳐 부르는 소리에, 만갈라는 달콤한 꿈에서 깨어났다. 그 혼자만 노래를 부르고 있는 게 아니었다. 사방에서 자신들의 불행을 달래기 위해 노래하는 쉰 목소리가 높아 갔다. 영혼들은 더 이상 자기 육신을 알아보지 못한 채, 떠나기로 했다. 사람들은 자신들이 미쳐 가고 있음을 느꼈다.

정박은 길어졌다. 포로들은 엄중한 감시를 받으며 차례대로 작은 무리를 지어 갑판 위로 올라갔다. 만갈라와 다른 사람들은 빛을 보자 눈이 부셔 온몸이 마비된 듯했다.

백인들은 커다란 물통들 속에 포로들을 집어넣어 정신이 번쩍 들게 했다. 그들은 긴 솔로 포로들의 벗은 몸을 거침없이 문질러 댔다. 포로들이 몸을 알아서 움직여 주지 않자, 그들은 채찍질 리듬에 맞춰 '춤을 추게' 했다.

기다림은 또다시 이어져 새로운 포로들이 도착하는 날까지 계속되었다. 배는 흔들렸지만 여전히 아프리카 해안을 떠나지 않았고, 희망을 완전히 버리지 않은 이들은 이제 자기들끼리 간단히 대화를 나눌 수도 있게 되었다. 탈출 계획이 어둠 속에서 진행되었다. 만갈라는 때때로 통역자 역할을 했지만, 그는 백인들의 힘을 누르기에는 흑인들의 수가 턱없이 부족하다고 판단하고 있었다. 그렇게 새로운 포로들이 잡혀 올 때마다 배는 몇 차례고 멈추었다가 출발하기를 되풀이했다.

배가 아프리카 해안에서 멀어지던 어느 날, 공포감이 결심을 굳힌 사람들의 마음을 자극했다.

"지금이 바로 우리가 움직여야 할 때요! 지금을 놓치면, 우리 조상들의 땅에서 너무 멀어져서 다시는 저 땅을 밟을 수 없을 거요."

공모자들 중 하나인, 키가 큰 요루바는 갑판에서 내려오는 길에 뱃사람 하나가 잃어버린 칼 하나를 운 좋게도 손에

넣게 되었다. 요루바는 자기 족쇄의 자물쇠를 부수어 여는 데 성공했고, 포로들의 식사를 담당한 뱃사람들이 가파른 계단을 내려오다가 기습 공격을 당했다. 그들은 꼼짝없이 붙들려 두들겨 맞고는 눈 깜짝할 사이에 무기를 빼앗겼다. 그런데 인질들 중 한 명이 틈을 노려 살려 달라고 외쳐 대는 바람에 그만 들키고 말았다. 식칼 몇 자루를 쥐고 있고 수적으로도 흑인들이 우세했지만, 권총 앞에서 반란자들이 뭘 할 수 있겠는가? 처음에 인질로 잡힌 프랑스 인 뱃사람들 중에는 사망자가 하나, 부상자가 둘 나왔지만, 흑인들은 열두 명 정도나 목숨을 잃었다.

선장이 불같이 화를 낸 것은 분명 그 때문이었을 것이다. 아무 대가도 받지 못하고 그 상품들을 모조리 잃어버렸으니 말이다! 하지만 그들을 그냥 잃어버린 것은 아니었다. 배 주위의 상어들이 배를 불린 것이다…….

선장은 그 일을 처벌하지 않고 그냥 넘길 수가 없었다. 백인들의 위대한 힘 앞에 무릎을 꿇은 자들이 밀고*한 덕분에, 요루바와 가장 열심이었던 공모자들은 큰 활대*에 팔이 묶인 채 채찍질을 당했다. 요루바는 채찍질을 당하다가 목숨을 잃었고, 다른 공모자들은 100대씩 맞는 것으로 사건은 일단락되었다. 공모자들이 이끄는 대로 따랐던 이

밀고
남몰래 넌지시 일러바침.

활대
큰 돛을 지탱하는, 높이 자리 잡은 돛대에 가로 댄 나무.

들은 동료들이 처벌당하는 것을 끝까지 지켜봐야만 했다. 반란의 싹을 포로들의 머릿속에서 완전히 도려내기 위한 조치였다.

  그 일은 그렇게 지나갔고, 배 밑바닥에는 이제 자기 오물 위에 드러누운 포로들의 그림자밖에 보이지 않았다. 백인들이 주기적으로 포로들을 데려가 우악스레 씻기는 사이, 뱃사람들은 포로들이 자리를 뜨고 없는 배의 밑바닥을 식초로 문질렀다. 기생충*을 죽이고 악취를 없애기 위해서였다. 크게 득이 될 것은 없는 조치였지만 흑인들의 관절이 마비되는 것은 막을 수 있었다. 때로는 더 이상 몸을 일으키지 못하는 사람이 나타나기도 했다. 병에 걸렸거나,

기생충
이나 벼룩처럼 다른 동물의 몸에 붙어 사는 해충을 통틀어 이르는 말.

먹기를 거부하다 굶어서 혀가 말려 들어가 죽은 것이었다. 그렇게 항해는 계속되었다. 음식이 상하면서 각자에게 돌아갈 음식물의 양은 줄어들고, 썩은 물 때문에 병자들의 숫자는 늘어났다. 그래도 시간은 가차 없이 흘러갔다.

위층에서는 오래전부터 종종걸음 치는 소리가 더 이상 들리지 않았다. 바람이 그리 거세지 않거나 파도가 갑판을 때리지 않는 밤이면, 때때로 탄식 소리며 비명 소리가 들려왔다. 의식을 완전히 잃지 않은 사람들은 뱃사람들에게 저항 한 번 하지 못한 채 몸을 빼앗긴 여인과 소녀들의 탄식일 거라고 짐작했다. 하지만 대다수의 사람들은 그러거나 말거나 개의치 않았다. 그들은 자기 자신을 걱정할 여력도 남아 있지 않았던 것이다.

그 뒤로 새들의 울음소리가 육지가 가까워졌음을 알려주었다. 드디어 도착한 것이다! 어떤 이들은 오랜 악몽 끝에 깨어났지만, 또 다른 이들은 끝내 악몽 속에서 길을 잃고 헤맸다. 하지만 땅을 내디딘 모두는 빛과 새들의 노랫소리와 만발한 꽃들의 향기에 넋을 잃은 채, 흔들리지 않는 땅 위에서 어렵사리 균형감을 되찾았다. 그들은 아직 살아 있었던 것이다.

하지만 그들은 또다시 갇혔다. 그들의 새 감옥에는 벽 대신 말뚝들만 촘촘히 세워져 있었다. 만갈라와 헤어지게 된 몬조는 한 그림자가 또 다른 집으로 가는 것을 언뜻 보았다. 비쩍 마른 검은 눈의 예쁜 소녀는 아주 둥그렇게 부푼 배를 안은 채 몸을 굽히고 있었다. 눈을 든 소녀를 보고, 몬조는 가슴이 찢어지는 것 같았다. 소녀의 생기 없이 음울* 한 두 눈은 아무것도 보이지 않는 듯했다. 몬조는 주위에 있는 축 늘어진 사람들을 살펴보았다. 전에 그들을 사랑했거나 함께 했던 이들이라도 이제는 그들을 알아보지 못할 것 같았다. 비쩍 마르고, 피부가 조그만 종기*와 불그스름한 흉터로 뒤덮인 그들은 더 이상 사람이 아니었다.

음울
기분 따위가 음침하고 우울하다.

종기
피부가 곪으면서 생기는 큰 부스럼.

생루이 항에서처럼, 간수들은 포로들을 사람 꼴로 만드느라 바빴다. 과일과 야채와 생선, 그리고 고기까지, 바다를 건너는 동안에는 먹을 수 없던 것들을 포로들한테 모두 먹였다. 간수들은 포로들에게 차례차례로 움직이고 달리게 해서 없어진 근육을 키우게 했다. 포로들의 상처도 살피고 그럭저럭 치료도 해 주었다.

그러던 어느 날, 간수들이 포로들에게 좀 더 꼼꼼히 몸단장을 시킨 뒤 온몸에 종려유를 발라 주었다. 몬조를 언뜻 본 만갈라는 감탄 어린 눈으로 형을 바라보았다. 갖가지 시련을 겪은 뒤에도 형은 빛나는 검은 피부 아래 근육이 멋지게 솟은, 여전히 강인한 모습으로 남아 있었던 것이다! 하지만 안타깝게도 형의 등에는 채찍질로 생긴 흉터가 무수히 남아 있었다. 정작 형은 자신의 아름다움을 깨닫지 못했다. 그동안 겪은 두려움이 그의 정신처럼 몸도 굳게 만들었지만, 그의 아름다움은 더욱 섬세해져 있었다.

새 노예 시장으로 끌려간 두 형제는 사람들의 시선에서 놓여나지 못했다. 흥분한 군중이 아프리카 인들 쪽으로 몰려들었다. 백인들은 물론이거니와 물라토도 있고, 흑인도 있었지만 그 수는 매우 적었다. 특히 남자들은 선장 일행과 열띤 흥정을 벌이며 물건을 꼼꼼히 살폈다.

몇몇 노예상들이 몬조 앞에 멈춰 섰지만, 그의 몸에 남은 많은 흉터를 보고는 차례로 못마땅한 기색을 드러냈다.

"싸움꾼 같은 놈이로군! 이런 놈은 이익보단 골칫거리를 더 안겨 준단 말이지!"

"아닙니다, 밤바라 인들은 땅을 일구는 걸 좋아하지요. 힘센 놈이지만 채찍질로 복종이라는 걸 가르쳤답니다."

주인은 항변했지만* 만갈라에 대해서는 전혀 다른 이야기를 했다.

"이놈은 집에서 부리기 아주 좋은 노예일 겁니다. 젊고 말도 잘 듣지요. 프랑스 어도 몇 마디 할 줄 안답니다!"

각자 새 주인에게 끌려가게 된 두 형제는 이미 말없이 작별 인사를 주고받은 뒤였다. 몬조는 사람을 멸시*하는 물라토에게, 만갈라는 외알 안경을 쓴 백인에게 팔려 갔다. 하지만 운 좋게도 두 형제는 물라토가 모는 수레에서 다시 만날 수 있었고, 백인은 세련된 사륜마차를 타고 갔다. 두 형제 모두 백인 생브리 씨의 소유가 된 것이었다. 하나는 밭에 가서 일했지만, 다른 하나는 저택까지 주인의 뒤를 따라다녀야 했다.

항변하다
대항하여 변론하다.

멸시
업신여기거나 하찮게 여겨 깔봄.

극도로 고통스러운 대양 횡단은 우기에 약 두 달간 지속되었지만, 항해는 한결 수월했다. 선박의 선장들은 노예들을 최대한 많이 실으려고 했지만 지나치게 싣지는 않았다. 그들의 목적은 자신들의 화물을 가능한 한 최고의 상태로 무사히 운반하는 것이었다.

▼ 선상의 반란. 판화

반란
배가 해안에서 멀어지면 많은 포로들이 바다에 몸을 던졌다. 그 뒤로 항해가 계속되는 동안 어떤 이들은 반란을 일으키기도 했다. 노예들이 일을 꾸미는 일이 없도록, 노예들이 묶여 있지 않을 때는 일거수일투족을 감시했다.

배에 실린 식량
배 밑바닥에 실린 통들 속에는 선원(약 40명)과 노예(선박당 400명~600명)들에게 필요한 식량과 물이 담겨 있었다.

▼ 노예들은 갑판과 배의 밑바닥 사이에 실려 수송되었다. 베르나르댕 드생피에르의 노예선 단면도, 수채화, 18세기

난데없이 **비명** 소리와 명령이 떨어지는 소리가 들려왔다. 갑판 **전체**가 들썩이는 듯했다. 배가 출발한 것이다!

배에서의 자리 배치
가능한 한 많은 노예들을 실어 나르려면 자투리 공간 없이 자리를 배치해야 했다. 노예들은 둘씩 사슬에 묶인 채 남자, 여자, 아이들로 나뉘었다. 빛도 잘 들지 않고,

공기도 제대로 통하지 않는 중갑판 바닥에서 노예 한 사람마다 대략 가로 40센티미터, 세로 80센티미터의 공간을 차지했다. 바로 그 공간에 물품들이 실려 되돌아갔다.

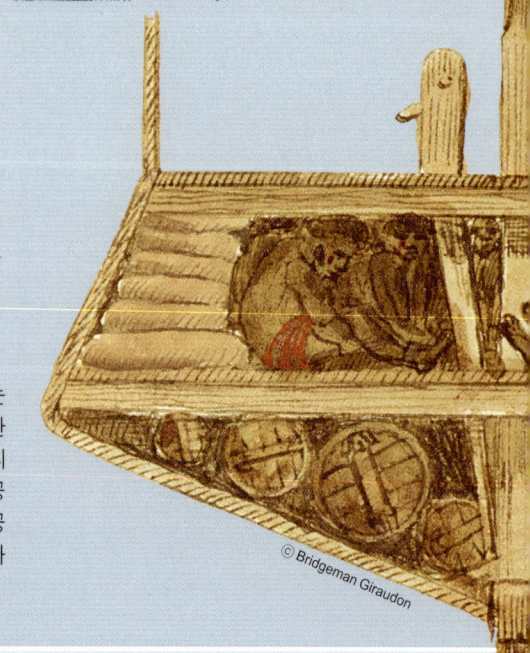

© Bridgeman Giraudon

▲ 갑판 위에서 춤추는 흑인들. 판화

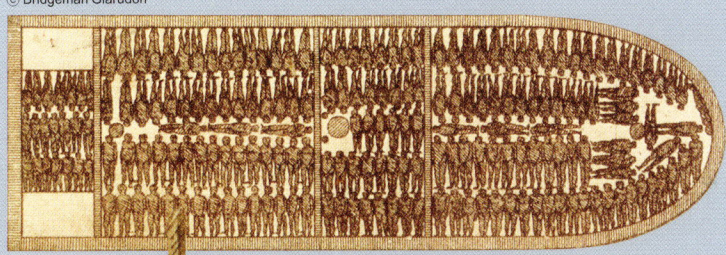

▲ 노예선 평면도. 판화, 18세기

팔찌
노예들을 움직이지 못하게 하되 피부를 상하게 하지는 않았다. 사실 어떤 상처든 노예의 몸값을 떨어뜨렸다.

선상 생활의 환경
노예들의 몸을 좋은 상태로 유지하기 위해, 쌀과 카사바, 종려유와 고추로 맛을 낸 조죽을 먹이고, 일주일에 한 번씩 식초로 배 밑바닥을 청소했다. 자유롭게 거닐고, 갑판을 긁고 닦게 하고, 춤도 출 수 있게 하는 등 노예들이 몸을 움직이게 했다.

▶ 노예 팔찌. 노예들의 철쇄, 19세기

플랜테이션

생브리 씨의 사륜마차가 영지 한가운데에 우뚝 선 아름다운 집 쪽으로 방향을 틀자, 물라토가 수레를 멈춰 세웠다. 그러고는 만갈라에게 욕을 퍼부어 대며 주인을 따라가라고 명령했다.

몬조는 메마른 시선으로 어린 동생이 사륜마차를 쫓아 달려가다가 모퉁이에서 사라지는 것을 지켜보았다. 심장이 가슴속에서 굳어 버린 것 같았다. 하지만 사람은 슬픔 때문에 죽지는 않는 법이다.

몬조는 고향 땅보다 더 높고 푸른, 널따란 경작지*를 바라보았다. 하지만 눈만 그곳을 향할 뿐, 정말로 보고 있는 게 아니었다. 시간이 조금 지나자, 몬조는 숨을 쉬는 게 훨씬 편안해지는 걸 느꼈다. 그 넓은 땅이 몬조의 의식으로 스며든 게 틀림없었다. 세구의 귀족들은 보통 사냥꾼이 아

경작지
밭을 갈아 농사를 짓는 땅.

니면 농사꾼들이다. 몬조가 밭에서 일을 해야 한다면, 그것은 적어도 수치스러운 일은 아닐 터였다. 그런데 만갈라는? 만갈라는 주인의 집에서 도대체 뭘 하게 되는 걸까? 집을 돌보는 것은 여자들의 일이었다.

그를 부르는 물라토의 거만한 목소리에, 몬조는 깊은 생각에서 깨어났다. 그들은 작은 오두막들이 한데 모여 있는 곳 앞에 이르렀다. 한 오두막에서 노인이 조심스레 고개를 내밀자, 물라토가 노인을 곧바로 소리쳐 불렀다.

"이봐, '늙은이', 자네가 마침 거기 있으니, 이 검둥이한테 여기선 어떻게 굴러먹어야 하는지 설명해 줘. 개들에 대해서도 설명해 주고……."

물라토가 멀어져 가는 동안, 노인이 몬조 쪽으로 절룩거리며 다가왔다. 노인은 말 한마디 없이, 흙바닥이 다져진 오두막까지 몬조를 데려가서 자기 맞은편에 앉혔다. 몬조는 희망을 품고 노인을 바라보았다. 마침내 백인들의 편이 아닌 사람과 마주하게 된 것이다. 노인의 얼굴에는 의식적인 난절*의 흉터가 전혀 없었다. 그것으로 보아 노인은 아프리카 사람은 아니었지만 흑인이었고, 주름 잡힌 두 눈은 웃고 있는 듯했다.

한참 동안 말없이 눈길을 던지던 '늙은이'가 뭔가 결심

난절
얼굴이나 몸의 피부를 절개해 흉터가 오래 남는 상처를 남기는 것. 때로는 색소로 염색하기도 한다. 아프리카에서 한 부족의 일원임을 나타낸다.

한 듯 입을 열었다. 그는 자기 가슴을 치며 한 음절 한 음절 끊어서 말을 했다.

"난 '늙은이'일세. 예전엔 외젠이었지만, 지금은 '늙은이'일 뿐이지."

몬조는 빈정거리는 투라는 걸 느꼈지만 무슨 뜻인지 이해하지는 못했다.

그리고 나서 '늙은이'는 몬조의 가슴을 툭 치며 물었다.
"넌?"

몬조는 잠시 후에야 자신의 이름을 묻는 말이라는 것을 알아차리고 대답했다.

"몬조? 그건 콩고*의 이름이지. 그건 기독교도의 이름이 아니다!"

노인이 다시 말했다.

새침해 보이는 나이 든 여자가 몬조에게 양념이 강한 수프와 고기 한 점을 가져다 주었고, 또한 싱싱한 과일도 받을 수 있었다. 노인은 짐짓 무심한 척하며 쳐다보았다.

"그걸 먹어 두면 힘이 나지. 너한테 필요할 게다!"

노인이 말했다.

노인은 카사바와 아보카도*를 데쳐 거른 형편없는 수프를 게걸스레 먹으면서도, 이 빠진 입속을 드러내 보이며

콩고
아메리카 식민지에서 태어난 크리올 흑인들이 아프리카 사람들에게 붙인 이름.

아보카도
멕시코와 남아메리카에서 나는 과일. 울퉁불퉁한 껍질 때문에 악어배라고도 한다.

말없이 웃었다.

'늙은이'가 가고 나자, 몬조는 헐벗은 오두막과 뒤편의 작은 뜰이 노인이 가진 전부라는 걸 깨달았다. 노인을 돌봐 줄 사람이라곤 노인 자신 말고는 아무도 없으며, 가진 것 없는 노인이 몬조에게 줄 수 있는 거라곤 몇 마디의 조언뿐이라는 것도.

몬조는 오두막 안에 길게 드러누웠다. 그의 마음은 미래에 대한 불안감과 돌아갈 수 없는 과거에 대한 그리움으로 괴롭기만 했다.

곧 밭에서 다른 사람들이 돌아왔다. 몇몇 사람들은 녹초가 되었으면서도 몬조에게 와서 인사를 건네거나, 심지어는 인사도 하지 않고 가까이서 몬조를 주의 깊게 살폈다.

'호기심이 동한 짐승 같군.'

몬조는 생각했다. 사람들의 대부분은 아프리카 인들이 아니었다. 밤바라 말을 하는 사람은 아무도 없었다. 몇몇 사람들이 호의를 보여 주었지만, 몬조는 자신이 이방인이라는 것을 뼈저리게 느꼈다.

일요일이 되었다. 몬조의 동료들은 모두 영지에 있는 예배당*으로 갔다. 몬조도 함께였다. 짧은 순간이지만 몬조

예배당
서인도 제도의 프랑스 주민들은 가톨릭교도였고, 그들의 노예들도 개종시켰다.

는 기뻤다. 저택의 노예들과 함께 첫 줄에 앉아 있는 만갈라를 본 것이다. 만갈라와 그 일행들이 입은 멋진 옷은 멀리서도 한눈에 알아볼 수 있었다. 형제는 서로에게 반가운 몸짓을 해 보일 수 있었지만, 그날 몬조는 남아 있던 모든 것을 빼앗기고 말았다. 예배당에서 몸짓과 말이 오가자 고향과 가족을 잃은 몬조는 마지막으로 이름마저 잃어버리게 되었다. 세례명을 얻은 것이다. 그의 세례명은 '크리스토프'이고, 동생 만갈라는 '사무엘'이라고 했다.

어느 날 아침, 몬조였던 크리스토프는 투안이 외치는 소리에 잠에서 깨어났다. 투안은 첫날 만났던 물라토였다. 투안은 플랜테이션* 농장에서 일꾼들을 부리는 감독관이었다. 그는 크리스토프가 그곳의 환경에 적응할 시간이 충분했다고 판단한 듯했다.

감독관인 투안이 데리고 다니는, 쇠사슬로 된 목줄을 끌어당기며 미친 듯이 짖어 대는 커다란 개들과 다른 짐승들은 그나마 얼마나 사나울지 짐작이라도 할 수 있는 동물들이었다. 하지만 투안은 아예 예측이 불가능한 짐승이었다.

해가 뜨자마자 그들은 사탕수수 밭에 도착했다. 푸른 이파리들 위로 깃털 같은, 높다랗고 하얀 사탕수수 잎들이

플랜테이션
열대나 아열대 지방에서 원주민이나 이주 노동자 등을 부려서 넓은 경지에서 같은 농작물을 대규모로 재배하는 농업을 말한다. 농작물은 무역품으로 가치가 큰 고무, 차, 커피, 사탕수수, 담배 등이다.

굽이쳤다. 사탕수수를 베어야 할 때였다. 크리스토프의 양손에는 잘 벼려진 기다란 칼이 쥐여 있었다. 크리스토프는 다른 사람들과 함께 줄지어 섰고, 사람들은 보조를 맞춰 팔을 놀리며 걷기 시작했다. 그러는 서슬에 사탕수수들이 규칙적으로 쓰러졌다.

하지만 겨우 한 시간 동안에 서투른 크리스토프는 1미터가 넘게 뒤처졌고, 사탕수수 다발을 엮기 위해 남자들을 뒤따라오던 여자들이 크리스토프를 넘어 지나갔다. 곧이어 어깨를 후려치는 채찍질에 몬조는 벌떡 일어섰다. 그의 눈 깊은 곳에선 증오의 빛이 어려 있었다. 개들은 크리스토프에게 달려들려는 듯 숨통이 끊어져라 목줄을 당기

며 으르렁거렸다. 두 번째 채찍질이 이어지자, 몬조는 결국 고개를 숙이고 서둘러 다시 일을 시작했다.

 이건 중노동이야! 아프리카의 공동 거주지에서는 결코 이런 식으로 사람들을 부리지 않았는데! 몬조는 생각했다. 해가 중천에 떠오르자 땀이 등과 이마로 흐르고, 눈앞에서 방울져 떨어졌다. 가슴에 맺힌 증오심 때문에 괴로웠지만, 크리스토프는 종려나무 잎으로 모자 만드는 법을 보여 준 '늙은이' 덕분에 마음을 추슬렀다. 등은 으스러질 듯하고 두 팔은 뻣뻣이 굳어 버렸지만, 크리스토프는 기어이 일의 박자를 맞추었다. 투안이 감시하는 걸 느꼈기 때문이다. 투안에게 또다시 자기를 후려치는 즐거움을 주고 싶지 않았다. 결국 크리스토프는 고통도, 그 무엇도 더 이상 느끼지 못했다. 일하는 자동 기계가 되어 버린 것이다.

그가 맡은 첫 번째 구획에서 사탕수수가 깨끗이 베여 나간 것은 정오가 다 되어서였다. 크리스토프는 땅바닥에 드러누워 버렸지만, 다른 사람들은 어느새 '검둥이 오두막'으로 냅다 달려간 지 오래였다. 배를 채우고 싶으면 알아서 먹을거리를 마련해야 했던 것이다. 옥타브와 니케즈가 좋건 싫건 무작정 그를 끌고 갔다. 그들은 '늙은이'와 함께 크리스토프에게 관심을 보여 주는 몇 안 되는 동료였다. 크리스토프한테는 먹을 만한 게 없었다. 손바닥만 한 그의 뜰에서는 열매가 아직 맺히지 않은 것이다.

이웃 여자인 윌랄리는 크리스토프를 자기 오두막으로 데려가 두 아이 옆에 앉게 하고는 그에게 마*로 쑨 죽 조금과 고추로 양념한 강낭콩을 대접했다. 무뚝뚝하긴 했지만, 윌랄리도 다른 이들처럼 아무것도 할 줄 모르는 우둔한 키다리 청년을 안타깝고 측은하게 여기고 있었던 것이다. 크리스토프는 그것을 먹고 허기는 가라앉혔지만, 증오심이나 절망감은 달래지 못했다.

사람들은 눈빛과 손짓으로 서로를 이해하게 되었다. 하지만 크리스토프한테는 그것으로 충분하지 않았다. 그는

마
맛과의 여러해살이 덩굴풀. 한국, 일본, 대만, 중국 등지에 분포한다.

채찍질과 욕설, 끝없이 밀려오는 피로, 외로움, 멸시에 맞서 싸울 힘이 점점 사라져 가는 것을 느꼈다. 파의 아들이자 사냥꾼인 몬조는 노예 크리스토프를 경멸하고 있었다. 윌랄리의 미소도, 옥타브의 노래도 그의 마음을 달래 주지는 못했다. 만갈라라는 이름이었던 사무엘은 저택에서 자주 빠져나오지 못했고, 사무엘도 역시 낯설게 변해 가는 듯했다.

시간은 흘러갔다. 크리스토프는 더 이상 고개를 들지 않았다. 그는 매일 밭에서 방앗간*으로, 방앗간에서 밭으로 오갔지만 아무것도 변하는 것 없이 똑같은 생활을 했다. 그는 일이 끝나면 곧바로 땅에 쓰러져 잠이 들었다. 그에겐 이제 단 한 가지 바람만이 남아 있을 뿐이었다. 오직 이 세상을 떠나 조상들의 영혼과 만나고 싶은 바람 말고는 아무것도 없었다. 크리스토프는 몬조가 배고픔과 피로에 지쳐 조용히 죽을 수 있도록 도와주고 있었다.

그러던 어느 날 밤, 눈가가 젖은 한 콩고 처녀가 그의 오두막으로 몸을 피해 들어왔다. 새로 온 아가씨일까? 어떤 우연에 이끌려 이곳까지 온 것일까? 어떤 말을 해 줘야 할까? 꼬리를 잇는 의문을 떠올리던 그는 여자가 흐느끼느라

방앗간
사탕수수를 빻아서 설탕을 추출하기 위해 가공 처리하는 건물.

제대로 잇지 못하는 얘기를 듣고서야, 그녀가 남자들의 노리개가 되는 것에 진저리를 치고 있다는 것을 알게 되었다. 흑인, 백인, 황인 가릴 것 없이 그녀에게 달려들었다는 것도……. 그때 그는 여자가 밤바라 어를 말하고 있다는 것을 알아차렸다. 띄엄띄엄 끊기고, 훌쩍이는 소리까지 뒤섞인 말이었지만, 그의 귀에는 가장 감미로운 선율이었다. 그는 밤바라 어의 멜로디, 어릴 적에 어머니 니엘리가 들려주던 위로의 말을 마음속 깊은 곳에서 되찾았다. 그는 처음 보는 처녀인 수루구를 부드럽게 달래 주었다. 수루구는 그리 예쁘지는 않았지만 커다란 눈망울에는 고마운 마음이 담겨 있었고, 입술은 싱그러웠다.

18세기 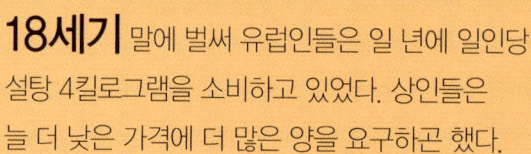말에 벌써 유럽인들은 일 년에 일인당 설탕 4킬로그램을 소비하고 있었다. 상인들은 늘 더 낮은 가격에 더 많은 양을 요구하곤 했다.

설탕을 위한 새로운 땅
십자군 전쟁 이후로 알려진 사탕수수는 처음에 지중해 유역에서 재배되었다. 1505년부터 크리스토퍼 콜럼버스는 산토도밍고에 사탕수수를 들여왔고, 서인도 제도는 곧 '설탕의 섬'이 되었다.

▲ 손으로 하는 쿠바의 사탕수수 수확. 목판화, 19세기

해가 뜨자마자 그들은 사탕수수 밭에 도착했다.

사탕수수 재배
대농장 주인들은 사탕수수를 경작하기 위해 '거주지'로 불리는 영지를 공유했다. 사탕수수를 재배하고 가공하는 데에는 많은 일손과 상당한 투자가 필요했다. 따라서 농장에는 최소한의 비용으로 부릴 수 있는 많은 노동자들이 필요하게 되었다.

▶ 사탕수수

제당 공장
설탕을 생산하기 위해 공장들이 처음으로 생겨났다. 동력은 물레방아나 풍차로 공급했으며, 각각의 작업은 다른 건물들에서 이루어졌다.

◀ 과들루프의 제당 공장에서 설탕을 만드는 노예들. 라 슈네의 《새로운 사탕수수 계약》에 실린 수채화, 1807년, 파리 아카데미데시앙스

증류소
사탕수수즙을 발효시켜 증류시키면 알코올이 많이 함유된 럼주가 만들어진다.

설탕 제조
방앗간에서 빻는 사탕수수 덩어리에서는 10퍼센트에서 20퍼센트의 설탕이 함유된 즙이 나온다. 사탕수수즙은 가마솥에서 끓이면 시럽이 되고, 이 시럽을 탈수 건조시키면 백설탕이 된다.

◀ 안티구아의 럼주 증류소. 1823, 클라크의 판화

▼ 막대 설탕 덩어리

저택

만갈라가 저택 문턱에 도착해 뒤를 돌아보았을 때, 수레와 몬조는 이미 사라지고 난 뒤였다. 막다른 골목에 몰린 듯 먹먹한 가슴을 안은 채, 가쁜 숨을 고르던 만갈라는 주인을 따라 들어갔다. 곧 덩치가 크고 엄격해 보이는 흑인 여자가 나타나 그들을 맞아 주었다. 주인은 곧장 그 여자 손에 만갈라를 맡겼다.

"자, 니콜. 이놈을 번듯하게 만들어 놓도록 해."

대야 안에 웅크린 만갈라는 니콜이 보지 못하도록, 될 수 있는 대로 벗은 몸을 감추려 애썼다. 그는 자신한테 무슨 일이 일어난 건지 채 깨닫지도 못한 상태였다. 니콜은 그의 몸을 벅벅 문지르고, 짧은 곱슬머리를 잘라 준 뒤, 마지막으로 이상한 옷을 입혀 주었다. 노예 시장에서 백인들이 입고 있던, 몸에 꽉 끼는 옷이었다.

만갈라는 그렇게 우스꽝스러운 옷차림을 하고서, 니콜의 단호한 손에 이끌려 응접실로 갔다. 온갖 물건들로 가득한 곳이었다. 그 물건들이 어디에 쓰이는 건지 만갈라는 알지도 못했다. 그 장식품들 한가운데에 백인 여자가 있었다. 장밋빛 볼과 금발 머리를 가진, 니콜보다는 마르고 동글동글한 여자였다. 그녀가 부드러운 목소리로 말했다.

"이쪽으로 와. 내가 더 잘 볼 수 있게 돌아서 보렴. 아이들을 돌보기에는 너무 나이가 많아 보이지 않나요, 여보?"

백인 여자는 이제 막 들어온 남편에게 이렇게 덧붙여 물었다.

거주지*와 거기서 일하는 모든 노예들의 주인인 빅토르 드 생브리는 키가 컸지만 비교적 퉁퉁하고, 거드름을 잘 피우는 남자였다.

"그렇지 않아! 내 생각에 이놈은 열네댓 살 정도밖에 안 되는 것 같아. 그리 못생기지도 않았고, 프랑스 어도 조금은 할 줄 알아. 체력도 강한 데다 온순해 보이는 얼굴이란 말이지. 아이들이 안심하고 데리고 놀 수 있을 거야."

남편의 말을 들은 백인 여자 뤼시 드 생브리가 동의를 표시했다.

"좋아요. 얘, 네 이름이 뭐니?"

거주지
주인들의 집과 흑인 오두막, 밭과 방앗간이 있는 플랜테이션 농장을 일컫는 말.

"만갈라입니다."

"참 미개한 이름이구나! 기독교 이름으로 좋은 이름을 찾아봐야겠는걸. 사무엘은 어떨까?"

생브리 씨는 어느새 응접실에서 나간 뒤였고, 두 사내아이가 불쑥 나타났다. 여덟 살인 샤를과 다섯 살인 위그가 달려들자, 만갈라는 겁에 질려 뒷걸음쳤다. 그 모습에 두 아이가 웃음을 터뜨렸다. 두 아이는 그들의 노예인 만갈라의 모습을 재미있어 했고, 만갈라를 그 자리에서 뱅뱅 돌게 만들었다.

"이 애 이름이 뭐예요?"

"귀엽게 생겼다!"

"엄마, 우리가 데려가도 돼요?"

질문이 쏟아져 나왔다. 아이들은 조금 흥분해 있긴 했지만, 다정해 보였다.

생브리 부인이 웃으며 대답했다.

"애 이름은 사무엘이란다. 어서 데려가렴. 그러지 않고 여기서 너희가 이렇게 소란을 피워 대면, 엄마의 머리가 다 아플 것 같구나."

그렇게 해서 사무엘은 저택에 들어오게 되었다. 사무엘

은 아이들과 함께 그의 인생에서 가장 햇살이 찬란한 날들을 보냈다. 그는 아이들의 시중을 들고, 함께 놀아 주었으며, 샤를의 침대 발치에서 잠들기까지 했다. 샤를은 사무엘을 정말로 좋아했다. 어린 위그는 새 친구에게 마음을 여는 시간이 샤를보다는 더 오래 걸렸지만, 천천히 그에게 익숙해졌다.

사무엘은 꼬마 주인들 곁에서 마음을 놓기 시작했다. 하지만 사무엘을 그의 원래 처지로 가차 없이 되돌려 놓는 사건이 일어났다. 어느 날, 만갈라는 위그를 등에 태우고 네 발로 기어 다니며 아이들과 함께 말타기 놀이를 하고 있었다. 샤를이 놀이가 더 신나도록 사무엘에게 뒷발질을 해 보라고 했고, 사무엘은 시키는 대로 했다. 그런데 위그가 등에서 떨어지지 않으려고 사무엘의 곱슬머리를 한 움큼 쥐고 늘어지는 바람에, 사무엘은 비명을 지르며 몸을 흔들지 않을 수 없었다.

땅으로 떨어진 위그는 그리 높은 데서 떨어진 게 아니었는데도 크게 울어 댔다. 샤를도 부모에게 이르지 않았고, 사무엘도 잠자코 있었지만 사무엘은 놀이 '친구'들 앞에서 매질을 당해야만 했다. 사무엘은 새어 나오는 비명은 겨우 삼켰지만, 아픔과 울분 때문에 차오르는 눈물은 참을 수가 없었다. 그는 언제든지 백인들을 경계해야 한다는 걸 배운 것이다. 그래도 사무엘은 계속 샤를의 침대 발치에서 잠을 잤다.

  식사 때 부엌에서, 사무엘은 하인 노예들과 우연히 마주쳤다. 주인들의 신뢰를 한 몸에 받는 니콜은 다른 사람들을 거만하게 내려다보기는 했지만, 조금은 사근사근한 구석도 있었다. 요리사인 틸루이는 무당*이기도 해서, 밤마다 카르베 사람에서부터 모른베르* 사람에 이르기까지 근처의 사람들이 찾아와 조언을 구했다. 마부인 블레즈로 말하자면, 머릿속에 여자 말고는 생각하지 않는 남자였고, 될 수 있는 대로 백인들을 흉내 내려고 했다.

  또 다른 사람들도 있었다. 흑인 아이들과 니그릴로 족* 흑인들은 치지 않더라도, 할머니 조에가 돌보는 어린아이들도 있고, 가축을 돌보고 물을 길어 오는 자질구레한 일을 맡은 큰 아이들도 있었다. 농장에서 일할 만한 나이가 되지 않았기 때문이다. 마지막으로, 뤼시 부인의 방을 담당하는 하녀 아가트도 있었는데, 아가트는 사무엘과 같은 또래의 물라토였다. 사무엘은 아가트와 마주칠 때면 몹시 설레었다. 아가트는 피부색이 환했지만 그걸 뽐내지 않았으며, 그녀는 언제든 농담을 나누고 얘기할 수 있는 상대

무당
나쁜 운명을 점치고, 몸과 마음의 병을 치료할 줄 아는 마법사.

모른베르
카르베와 모른베르는 마르티니크 섬의 북서부에 위치한 큰 부락.

니그릴로 족
남아프리카의 왜소한 흑인종.

였다.

부엌에서는 얘깃거리가 넘쳐났다. 무엇에 대한 얘기일까? 물론 **해방***에 관한 것이었다. 모두들 희망에 부풀어 있었고, 다른 주장은 무시해 버린 채 듣지 않았다. 하지만 틸루이만은 점을 쳐 주고 벌어 둔 돈이 있어서, 정말로 자기 몸값을 치르고 해방될 수도 있었다. 사무엘은 언제나처럼 귀를 쫑긋 세우고 이야기를 들었고, 자유를 되찾겠다고 마음속으로 몇 번이나 다짐했다.

아가트는 자신의 희망을 사무엘에게 남몰래 털어놓았는데, 아가트는 주인 생브리 씨의 눈에 든 상태였다. 물론 주인의 뜻에 따르는 것은 썩 유쾌한 일이 아니었고, 주인이 늘 다정하게 대해 주는 것도 아니었지만 그녀는 희망을 걸고 있었다.

> **해방**
> 대가를 치르거나 치르지 않고서 주인의 허락을 받아 노예 신분에서 풀려나는 것.

사무엘은 아가트의 말이 믿어지지 않아 혼란스러웠다. 사무엘은 그녀의 말을 가로막았다.

"그걸 희망이라고 말하는 거야? 그 뚱뚱한 생브리 씨는 널 함부로 덮친 것뿐이야. 그리고……."

"하지만 내가 그분의 아이를 가지면, 어쩌면 그 아이를 풀어 주실지 몰라. 그러면 내 아이가 나를 해방시켜 줄 테고!"

"너 미쳤구나. 넌 분명 그를 증오하게 될 거야!"

아가트는 울음을 터뜨리며 뛰쳐나갔다. 사무엘은 자신이 못되게 굴었다는 걸 깨달았지만 오래도록 사과의 말을 건넬 수가 없었다. 아가트가 애써 사무엘을 피한 것이다.

하지만 사무엘에게는 새로운 관심거리가 막 생겨난 참이었다. 바로 글쓰기였다. 세구에서 살던 때 그의 가족은 마지막까지 이슬람교에 저항했고, 그 또래의 많은 아이들과 달리 사무엘은 코란 학교*에 다니지 않았다. 그런데 위그와 함께 수수께끼 같은 알파벳에 대해 배우게 된 것이다. 샤를은 선생님 놀이를 좋아했고, 사무엘은 알파벳을 배우는 데 빠른 진전을 보였다. 뤼시 부인은 아들이 사무엘을 더 잘 가르치기 위해 열심히 공부하는 걸 보며 흐뭇해 했

코란 학교
이슬람 학교.

다. 모든 사람들이 만족했다. 그날이 오기까지는…….

한창 공부하고 있을 때 주인인 생브리 씨가 들이닥친 그날이 오기까지는 말이다. 생브리 씨는 사무엘한테 성큼성큼 걸어오더니, 사무엘이 열심히 글씨를 쓰고 있는 공책을 가로채어 얼굴을 후려쳤다. 그리고 돌아서서는 아내와 아이들에게 심한 말을 마구 내뱉었다.

"이 바보들이 무슨 생각들을 하는 거야? 검둥이 놈한테 읽는 걸 가르치고 싶은 거야? 그걸 어디다 쓰려고? 네놈은 여기서 나가!"

주인이 펄펄 뛰며 사무엘에게 소리쳤다.

밖에 나간 사무엘은 문에 귀를 바짝 대고 엿들었다. 생브리 씨가 계속 말했다.

"저놈이 책이나 신문을 읽고 뭘 배울 수도 있잖아? 거기서 어리석거나 위험한 생각을 캐낼 수도 있지 않겠어? 그건 저놈을 불행하게 만들 뿐이야. 이런 일 다시는 없도록 해. 알았지?"

사무엘은 주인이 나오기 전에 겨우 몸을 숨길 수 있었다. 하지만 주인의 말은 배우고 싶은 사무엘의 욕구를 더욱 부채질할 뿐이었다. 왜 막는 것일까? 신문과 책들 속에 내가 알아서는 안 되는 뭔가가 있는 것은 아닐까?

'하인 검둥이'인 일부의 노예들 (특히 나이가 든 여자들과 아이들)은 요리사와 세탁부, 유모로 고용되어 소유주와 그의 가족들을 섬겼다. 나머지 '일꾼 검둥이'들은 주인들과 떨어져 살면서 밭을 일구고 가축을 길렀으며, 물건들을 만들었다.

'하인 검둥이'
이들은 다른 노예들보다 나은 대우를 받는 경우가 많았다. 보다 일찍 기독교로 개종했던 그들은 초기 흑인 교회들을 세웠다.

© Bridgeman Giraudon

▶ 흑인들의 시중을 받는 백인 부부. 《그림과 함께 하는 브라질 역사 여행》에 실린 석판화, 1839년, 장 바티스트 데브렛

유모
농장 주인의 아이들은 노예 유모가 키웠다. 유모 자신의 아이들도 역시 노예가 되었다. 어머니의 노예 신분은 자식한테 이어졌다. 그것은 노예를 다시 사지 않고도 노예의 수를 늘릴 수 있는 방법이었다.

농장 주인
남아메리카와 서인도 제도의 농장 주인들은 노예 제도를 통해 엄청난 재산을 모을 수 있었다. 그들의 생활 방식은 유럽 귀족들과 매우 흡사했다.

© Rue des Archives / Granger Collection

식민지의 집

가장 부유한 농장 주인들은 최신 유럽풍으로 화려하게 장식한 궁전 같은 집을 짓되, 기후에 맞게 열기와 바람을 막을 수 있도록 지었다.

▲ 쿠바 식민지의 집 내부. 쿠바 식민지 건축 박물관 내부

과들루프의 제발로스 식민지 집

사무엘은 아이들을 보살피고 함께 놀아 주며, 인생에서 가장 햇살이 찬란한 날들을 보냈다.

▼ 플로리다에 있던 노예들의 집. 판화, 1878년경

▼ 뉴올리언스에서의 산책. 라파예트 광장을 그린 판화, 1850년경

노예들의 오두막

농부로 고용된 '일꾼 검둥이'들은 대농장의 작은 마을에 모여 있는 오두막에서 살았다. 힘든 하루 일과를 마치고 나면 그들은 자신들의 먹을거리를 위해 자기의 밭을 일구어야 했다.

뒤바뀐 삶

사무엘에게는 다행스럽게도, 샤를은 한창 재미나게 즐기던 놀이를 그만두고 싶어 하지 않았다. 그리고 자기 노예와 비밀을 함께 나누는 것도 무척 재미있겠다고 생각했다. 결국 '학교 놀이'를 계속하자고 제안한 것은 바로 샤를이었다. 물론 조용한 시간과 장소를 찾기가 무척 어려웠다. 또한 샤를은 수다스러운 동생에게 들켜 아버지에게 알려지지 않도록 조심했다.

하지만 그런 작은 장애물쯤은 스승과 제자를 더욱 재미있게 할 뿐이었다. 사무엘은 계속해서 진전을 보였고, 짧은 시간 안에 문장들을 읽을 수 있게 되었다. 글을 쓰는 것에는 더욱 열심이었지만, 섬세한 손놀림에는 익숙하지 못한 까닭에 손을 길들여야 했다. 하지만 그는 곧 글씨 쓰는 것에도 익숙해졌다. 이제 사무엘은 유명한 책들과 신문들을 읽고 싶어졌다. 생브리 씨는 못하게 한 일이었지만 말이다.

사무엘과 화해한 아가트는 사무엘에게 최고의 동맹군이 되어 주었다. 뤼시 부인의 방을 맡고 있던 아가트는 부인의 방과 응접실을 종종 드나들었고, 그렇게 해서 아가트는 부인이 막 읽고 난 책을 사무엘에게 슬쩍 가져다 주었다. 그것은 사무엘로서는 이해하기 무척 어려운 연애 소설로 **크리올 방언***이 아니라 프랑스 어로 씌어져 있었다. 단 한 사람, 샤를만이 그 책을 읽는 것을 도울 수 있었다. 하지만 샤를도 너무 어린 탓에, 사무엘이 묻는 단어들을 모두 알지는 못했다. 사무엘은 뤼시 부인의 방에서 책을 몰래 가져왔다는 걸 샤를에게 조심스레 털어놓았다.

책 읽는 게 서툰 사무엘은 책의 내용을 모두 이해하지는 못했지만 어쨌든 무엇에 대해 얘기하고 있는지는 알 수 있었고, 혼란스럽기는 하지만 아가트한테 느끼는 감정을 책의 내용과 견주어 보았다. 두 사람은 어른이 되고 성숙해졌으며, 우정도 깊어졌다. 생브리 씨 문제로 둘은 여전히 다투었는데, 그것은 사무엘의 가슴에서 솟구치는 질투심 때문이었다. 그러면서도 사무엘은 아가트의 자유에 대한 갈망을 뼛속 깊이 이해했다. 하지만 사무엘은 아가트의 달

크리올 방언
유럽 어(여기서는 프랑스 어를 말한다.)에서 파생된 사투리로, 노예들이 사용했다.

콤한 꿈이 이루어질 거라 믿지는 않았다. 심술궂은 주인이 아무리 자기 자식이라 할지라도 노예 신분에서 해방시켜 줄 리 없다고 판단한 것이다.

처음으로 읽은 소설 덕분에 사랑을 배우기는 했지만, 왜 책을 읽으면 위험해질 수 있다는 건지 이해가 잘 되지 않았다. 그래서 사무엘은 아가트에게 생브리 씨가 어떤 신문들을 읽는지 물어보았다. 아가트가 사무엘에게 가져다 준 것은 《생트뤼시 신문》이었다.

그 신문은 사무엘이 있는 곳과는 전혀 동떨어진 곳의 인물이나 사건, 다시 말해 프랑스와 왕, 파리에서 악당들에게 공격당한 불가침*의 소유권에 대해 이야기하고 있었다. 이곳 마르티니크 섬에서는 정신 나간 '유색 자유인*'들이 백인들과의 평등을 주장하고 있었다.

비록 사무엘은 신문에 적힌 문장들을 확실히 이해하지는 못했지만, 부엌에서 말다툼을 벌이던 사람들의 말 하나하나가 머릿속에서 떠나지 않았다. 틸루이를 찾아오는 이들, 특히 카르베에서 찾아온 이들은 점차 높아지고 있는 열기, 백인과 유색 인종 사이의 다툼, 그리고 플랜테이션 농장 주인들과 항구에서 일하는 백인들 사이에 벌어지고 있는 폭력 사태에 대해 이야기했다.

불가침
함부로 침범할 수 없음.

유색 자유인
노예 신분에서 해방된 흑인이나 물라토, 혹은 그들의 후손을 뜻한다.

"언제나처럼 아무 상관없는 우리들이야 얘기할 자격도 없지요."
흑단처럼 까만 남자가 말했다.
"그렇지만 말요. 요즘 들어 포르티유에서는 소란이 좀 이는 것 같습니다. 감독관은 거죽이 벗겨지고, 주인은 겨우 몸만 달아났다는데요."
"드세르가 그러는데, 드세르네 저택에서는 흑인들의 권리를 지켜 주려고, 주인이 몸소 큰 칼이며 권총을 나눠 주었다데요. 저 먼 파리에서는 왕이 흑인들을 해방시켜 주었고, 왕과 함께 무기를 든 자들 모두가 해방될 거랍디다."
"정말이요? 그렇다면 우리라고 그렇게 되지 말란 법은 없잖소?"

사무엘은 신문에서 읽은 걸 이해하게 되면서 왜 생브리 씨가 신문을 못 읽게 했는지 확실히 알아차렸다. 신문에는 정확한 정보가 담겨 있었고 백인들이 어떻게 생각하는지도 알 수 있으며, 어떤 이들이 자유를 이야기하고 심지어 평등에 대해서까지 이야기하는 먼 나라도 막연하게나마 엿볼 수 있었다. 거의 상상할 수 있는 모든 것이 거기 있었던 것이다.

거주지에서의 삶은 계속되었다. 아가트의 배는 불러 오기 시작했고, 그 때문에 생브리 씨는 아가트를 멀리했다. 하지만 병이 날 지경인 사무엘의 질투심은 사그라질 줄 몰랐다. 더 이상 의심할 여지가 없이 아가트의 배가 불룩해지자, 뤼시 부인은 아가트의 뺨을 후려치고 분통을 터뜨렸다.

"어떻게 이럴 수가! 임신이라니! 혼인도 안 한 네가? 예수님의 계명은 어쩌고? 꽤나 얌전해 보여서 내 너를 믿었더니!"

무릎을 꿇은 채 쏟아지는 비난을 듣고 있던 아가트는 정신을 잃으며 무의식중에 생브리 씨를 부르고 말았다. 그 지경이 된 마당에 무엇인들 못 하겠는가! 뤼시 부인은 남편이 파렴치하게도 자신을 속였다는 걸 믿을 수 없었다. 그런데 그 이야기를 눈앞에서, 그것도 여자 노예한테서 들어야 한 그녀는 화를 참을 수 없었다.

　자주 그랬듯이 생브리 씨는 집에 없었고, 뤼시 부인은 혼자서 그 문제를 해결했다. 뤼시 부인은 투안의 조수인 그로장을 불러들였다. 그로장은 아가트를 묶어 두기 위해 땅바닥에 말뚝 네 개를 박았다. 임신한 탓에 부른 아가트의 배가 들어갈 구멍을 파느라 그로장은 애를 먹었다. 그로장은 얼굴이 바닥을 보게 한 채로 벌거벗은 아가트의 사지를 벌려 말뚝에 묶고는, 아가트에게 마구 채찍질을 했다. 뤼시 부인은 흡족한 눈으로 바라보았고, 부엌에서 사무엘은 비통하게 흐느껴 울었다. 니콜이 나름대로 사무엘을 위로하려고 했다.

　"저 애는 무슨 생각을 한 게야? 주인이 도와줄 거라고? 주인님도 백인이라는 이유로 뭐든 할 수 있다는 것 말고는 우리와 똑같은 인간인 것을……."

　아가트가 채찍 60대를 맞고 나자, 뤼시 부인은 아가트의 생살이 벌어진 상처에 **고추 소스***를 바르게 했다. 마치 감염을 막기 위해서인 듯했으나 채찍질을 당한 만큼, 타는 듯한 통증은 더욱 견딜 수 없었다.

　바로 그날, 아가트는 밭으로 쫓겨났다. 아가트는 밧줄에 묶이지도 않은 채로 며칠 동안 자기 오두막집에 머물렀다.

고추 소스
고추와 소금을 섞어 만든 것.

어차피 옴짝달싹할 수 없는 몸이었던 것이다. 그러고 나서 아가트는 사탕수수를 베는 사람들 뒤에 자리를 잡게 되었다.

밤이나 일요일이면, 사무엘은 검둥이 오두막으로 가는 길로 접어들었다. 그곳에 가서 아가트를 만나 위로해 주고, 팽팽해진 배를 쓰다듬으며 뱃속의 아기에게 말을 걸어 주었다. 그녀에게는 숱한 불행을 가져다 준 아기였다.

그 덕분에 조금 멀리 떨어져 있는 형 크리스토프를 다시 만나 볼 수도 있었다. 크리스토프는 수루구 덕분에 삶의 의욕을 되찾았고, 그사이 수루구는 쥐스틴이라는 세례명을 받았다. 두 사람 모두 시간을 헛되이 흘려보내지 않고, 어느새 마르탱이라는 아들을 두고 있었다. 쥐스틴은 될 수 있는 대로 아이를 품에서 길렀지만, 그녀가 일하는 시간에는 마르탱을 다른 흑인 아이들처럼 유모 조에의 보호 아래 보냈다. 사무엘은 이미 형이 제2의 인생을 시작한 게 아닐까 궁금하기까지 했다. 아버지가 되었기 때문일까? 크리스토프의 모습은 사무엘의 눈에는 몹시 못마땅해 보였다.

"너도 알겠지만 우린 여기서 죽을 거야. 틀림없어. 우리는 다시는 우리 조상들의 땅으로 돌아가지 못해. 그러니 가능한 한 최고의 삶을 살아야 해."

크리스토프가 사무엘한테 말했다.

"그러니까 뭐야?"

사무엘이 의심스러운 눈초리로 물었다.

"여기에서 최고의 삶을 누리는 자가 누구지? 바로 투안이잖아!"

"투안? 하지만 그놈은 냉혹한 짐승이야!"

"그렇지 않아. 그자는 일하는 걸 감시할 뿐이야. 그게 다라고. 그리고 너도 알다시피 그가 옳아. 검둥이들은 하나같이 게으름뱅이들이니까……."

그것이 바로 어린 시절 언제든지 싸우고 저항할 준비가 되어 있던 영웅의 모습이었다! 형은 그렇게 변해 있었다.

삶은 얼마나 기묘한 것인가! 그토록 순순히 복종하고 적응하기 위해 애쓰던 사무엘이 아니었던가. 그의 가슴속 분노가 어찌나 거셌던지, 두 눈에서 분노의 빛을 읽은 뤼시 부인은 사무엘에게 아이들 돌보는 일을 그만두게 하고 마구간으로 보내 버렸다. 샤를이 애걸복걸했지만 아무 소용 없었다. 뤼시 부인은 그 타오르는 눈빛이 너무도 두려웠던 것이다.

사무엘은 마음이 가벼워졌다. 결국 주인들과의 친밀감이란 올가미에 지나지 않았던 것이다.

짐짝들처럼 실려 온 노예들은 새 주인들에게 팔렸고, 길들여야 할 짐승 취급을 받았다. 노예들한테 맡겨진 일이란 거의 견뎌 내기 힘든 것이었고, 강제로 일을 시키기 위해 주인들이 짜낸 해결책은 그들을 공포에 떨게 하는 것이었다.

다수의 노예
서인도 제도에는 원주민보다 노예들이 훨씬 많았다. 예를 들어 산토도밍고에는 백인 원주민은 3만 명인 데 비해 노예는 48만 명이었다. 원주민 한 사람마다 노예 16명꼴인 셈이다.

소유주의 권리
예를 들어 1685년에 프랑스의 왕 루이 14세가 정한 '노예법'에 따르면, 소유주는 노예들을 때리거나 사슬로 묶어 놓을 수는 있지만 고문하거나 팔다리를 자를 수는 없었다. 노예들에게 계속 일을 시켜야 하므로, 그것은 주인에게도 득이 되지 않는 일이었다.

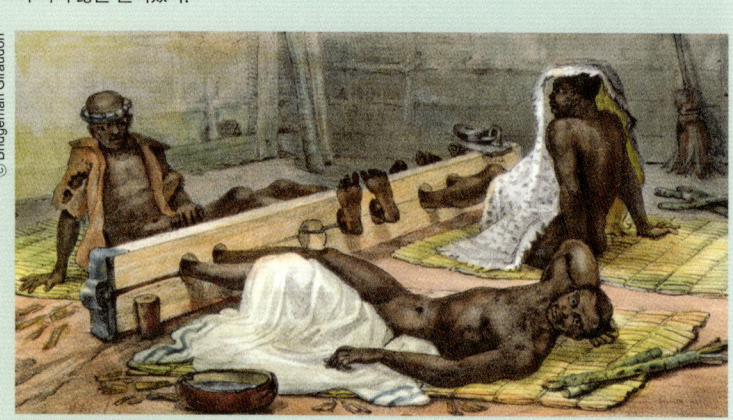

▲ 차꼬 형벌. 1839년, 장 바티스트 데브렛

> 그는 얼굴이 바닥을 보게 한 채로 벌거벗은 아가트의 사지를 벌려 **말뚝**에 묶고는, **마구** 채찍질을 했다. 여주인은 **흡족한** 눈으로 바라보았다.

노예들이 받는 대우
노예들은 인간 대접을 받지 못했다. 잘해야 어린아이 대우였다. 모든 불복종 행위에 대한 처벌은 당연한 것으로 여겨졌고, 어떤 경우는 매우 잔인하게 처벌했다. 노예들의 엄청난 숫자로 보아 반란이 일어날 경우 매우 위험한 사태가 벌어질 수 있기 때문에 농장 주인들은 무엇보다도 반란을 두려워했다. 따라서 저항의 낌새가 조금이라도 보이면 아주 가혹하게 처벌했다.

▲ '도망 노예'에게 채우는 쇠 목걸이를 찬 노예들. 1839년, 장 바티스트 데브렛

▲ 채찍 형벌. 판화, 산토도밍고, 블레랑쿠르

채찍질 형벌
노예들을 때리는 데 가장 많이 쓰인 것은 채찍이었다. 맞을 때의 고통도 매우 심했지만, 그 통증은 흉터가 남을 때까지 내내 지속되었다.

◀ 처벌받는 노예들. 판화, 18세기

▼ 개들한테 쫓기는 '도망 노예'. 판화

'도망 노예'
달아난 노예들은 '길들이지 않은'이라는 뜻의 스페인 어에서 따온 '마롱(도망 노예)'으로 불렸다. 그들은 일단 다시 잡히면 방울들이 달린 쇠 목걸이를 차야 했다. 목걸이는 노예들이 움직이는 위치를 탐지해 또다시 도망치는 것을 막았다.

도시에서

두 형제의 삶에 영향을 끼친 세상의 혼란은 시간을 타고 널리 퍼져 나갔다. 전과 같은 것은 아무것도 없었다. 온 사방에는 열띤 논쟁과 심한 말다툼, 저항의 움직임뿐이었다. 전쟁의 조짐마저 보였다. 프랑스와 섬들에서도 혁명*이 일어났고 사람들의 의식을 자극할 만한 일도 있었다! 식민지 주민들을 두려움에 떨게 할 만한 일도…….

아가트의 맏아들 루이가 태어나기도 전에, 생브리 씨 가족은 영국으로 가 버렸다. 그 때의 프랑스에는 '옛사람들'*이 들어올 수 없었기 때문이었다. 하지만 얼마 지나지 않아 마르티니크 섬은 영국령이 되었다. 그곳의 플랜테이션 농장 주인들에게는 시기를 잘 맞춘 일이었다. 그들은 그렇게 해서 1794년 2월에 국민 의회*에서 결정한 노예제 폐지*를 피해 간 것이다!

혁명
1789년과 1799년 사이에 정치 체제가 바뀌면서 프랑스 왕정은 종말을 고한다.

'옛사람들'
공화주의자들이 왕정 시대의 귀족들을 가리키던 별칭.

국민 의회
제1공화국을 세우고 혁명기에 프랑스를 통치한 혁명 의회(1792~1795).

폐지
완전히 없애는 것.

    거주지에 있는 저택은 에메 랄랑드라는 관리인이 차지했다. 그는 원래 소유주들보다 덜 엄하고 훨씬 공정한 사람이라는 것이 밝혀졌는데, 어쩌면 노예들도 반란을 일으킬 수 있다는 걸 깨달은 사람들 중 하나인지도 몰랐다. 노예들을 잘 대해 주면 나쁜 일보다는 좋은 일이 더 많다는 것도 말이다. 투안이 악성* 열병에 걸려 죽자, 크리스토프가 이어 감독관 자리에 올랐다. 크리스토프는 투안의 채찍은 그대로 남겨 두었지만 몰로스 개들*은 에메 씨의 허락을 받아 우리 안에 가둬 두었다. 크리스토프에게 늘 혐오감을 주던 개들이었다. 쥐스틴의 삶은 거의 변한 게 없었다. 넷째 딸 아멜리를 낳자 일요일 말고도 자유로운 날을 보낼 수

악성
치명적인.

몰로스 개들
노예 감시용으로 기르는 큰 개.

있었지만, 15개월 뒤에 아이가 늑막염*에 걸려 죽어 버렸다. 그녀는 다시 원래의 삶으로 돌아가야 했다.

사무엘로 말하자면, 에메 씨는 사무엘의 영리함을 재빨리 알아차리고 그의 재능을 이용하려고 애썼다. 에메 씨는 사무엘을 거주지에서 초라하게 살게* 하느니 도시로 보내어 마부로 일하게 해야겠다고 마음먹었다. 에메 씨는 말 두 마리가 모는 마차를 사서, 용무를 보든지 하루 벌이를 하든지 할 수 있도록 사무엘에게 마차를 주었다. 난절을 당한 흉터가 있긴 했지만 꽤 잘생긴 사무엘의 얼굴에, 유럽 사람들과 크리올들은 겁내지 않았다. 그렇게 해서 사무엘은 생피에르로 가서 지내게 되었다. 하지만 처음에 그는

늑막염
늑막(폐를 감싸는 막)에 생기는 염증.

초라하게 살게
여기서는 재능을 제대로 펼치지 못하고 사는 것을 뜻한다.

썩 내키지 않았다. 아가트를 두고 떠나야 했기 때문이다.

아가트는 60대의 채찍을 맞은 뒤로 등이 완전히 낫지 않아 더 이상 밭에서 일하지 못했고, 대신 의료실을 지켰다. 그리고 이번에는 사무엘의 아이를 임신하고 있었다. 한동안 사무엘은 자유롭게 살기 위해, 어디든 정말로 떠나서 산속에서 숨어 사는 것에 대해 진지하게 생각했다. 하지만 그것은 법을 어기는 일이었고, 끔찍한 형벌을 당할 위험이 있었다. 게다가 사무엘은 대도시를 떠나서 살기를 꿈꾸기에는 도시의 삶에 매력이 너무도 많다는 것을 깨닫게 되었다. 물론 그는 마차를 굴려서 벌어들인 돈을 에메 씨에게 전하기 위해 매주 돌아왔다. 그중 아주 조금은 도시에서 묵거나 먹을 것을 사는 데 쓰고, 거기서 돈을 남겨 저축하기에 이르렀다. 물론 그 돈은 아가트를 만날 때에만 쓰곤 했다.

많은 불행한 친구들과는 반대로, 사무엘은 운이 좋아 하늘이 맺은 짝을 일찍 만났고, 당장은 노예 매매 때문에 서로 헤어지지 않아도 되었다. 하지만 그것은 거주지에서 흔한 일로, 노예들이 이 여자 저 여자, 이 남자 저 남자한테 가는 것은 으레 있는 일이었다. 그러니 한 사람과 인연을 맺는 것이 무슨 소용이겠는가? 그러나 사무엘은 아가트와 그녀의 아들 루이를 몹시 사랑해서, 다른 여자를 만나러 간다는 생각은 결코 해 본 적이 없었다. 하지만 아들 루이는 사무엘이 까만 것만큼 희었다. 거의 강박 관념과도 같은 사무엘의 단 한 가지 바람은, 언젠가 아내와 아이들의 몸값을 치르고 자유롭게 되는 것이었다. 사무엘은 아주 적은 액수의 수고비를 정성껏 모았다. 하지만 너무도 더디게 모아져 돈이 불어나는 게 통 보이질 않았다.

도시 생활의 매력은 그것만이 아니었다. 생피에르에서는 많은 사람들을 만날 수 있었다. 우선은 신사 숙녀들이 있었는데, 사무엘은 도시 이쪽 끝에서 저쪽 끝까지 그들을 실어 나르면서 그의 마차 안에서 온갖 얘기를 전해 듣곤 했다. 때로는 한낱 사랑의 약속만 엿듣게 될 때도 있었고, 그럴 때면 사무엘은 아가트에 대한 그리움에 젖어 들었다. 하지만 때로는 뒤에서 열띤 토론이 벌어질 때도 있었다. 특히 남자들은 때때로 목소리를 높였다. 백인들끼리라고 늘 뜻이 맞는 것은 아니었다! 그 점에서 일은 점점 더 흥미로워졌다. 마차 승객들은 사업과 정치에 대해 이야기했고, 귀를 기울여 듣고 있는 사무엘에게 섬 안과 심지어는 유럽의 최근 소식까지 알려 주었다.

그다음으로 만날 수 있는 사람은 거리에서 일하는 온갖

흑인들이나 물라토들이었다. 자유인도 있었지만, 대개는 사무엘처럼 고용되어 일하는 사람들이었다. 짐꾼이나 부두 노동자, 상인과 같이 소소한 직업을 가진 별 볼일 없는 백인들도 있었다.

그런 사람들 중에, 심지어는 일부 백인들 중에도 프랑스어를 알아듣는 사람은 거의 없었다. 하물며 읽고 쓸 줄은 더더욱 몰랐으며 대다수의 사람들은 크리올 방언으로 말했다. 하지만 몇 년간 영국의 통치*를 받으면서도 프랑스어는 가장 깨어 있는 대농장 주인들의 언어로 남아 있었고, 그런 이유로 영국 점령기까지 프랑스 신문들이 마르티니크 섬에 전해졌던 것이다.

사무엘 주위로 이내 작은 무리가 모여들었다. 사람들은 카페나 여관 식당의 탁자 한구석에 버려진 신문들을 집어다 주었고, 사무엘은 그 신문들을 해독하고 설명해 주었다. 그 뒤에는 토론이 벌어졌다. 그 무렵에 파리에서 벌어지던 것과 같은 토론이었다.

사람들은 마르티니크 섬이라는 작은 세계를 뒤흔들어 놓고 있는 문제들에 대해 이야기했다. 노예들의 자유는? 그렇다면 농장 주인들의 소유권은 어떻게 되는 걸까? 평등은? 자유인과 노예가 똑같이 평등하다고? 말도 안 되는 소

통치
마르티니크 섬은 1794년부터 1802년까지, 1809년부터 1814년까지, 그리고 1815년에 영국의 통치를 받았다.

리! 자유인들끼리는? 그러니까 그렇게 되면 백인과 흑인이 평등해질 수 있단 말인가? 그것은 환한 피부색 때문에 기세등등한 물라토들 말고도 백인들까지 격분할 만한 생각이었다. 사람들은 걸핏하면 맞서 싸웠다. 대개는 그들의 피부색 때문이었다.

그렇게 서로 으르렁거리고 싸우는 와중에도 시간은 흘러갔다. 때때로 싸움은 변질되기도 했다. 하지만 마르티니크 섬에 혁명의 기운은 여전히 스며들지 않았다.

거주지에서의 삶은 거의 변한 것 없이, 일꾼들을 부르는 람비*의 리듬, 삶과 죽음의 리듬에 따라 흘러갔다.

죽음이 자주 찾아왔다. 노쇠와 피로, 우울증*, 질병 때문이었지만 생브리의 거주지에서는 이제 심한 처벌 때문에 죽는 사람은 없었다. 그것만으로도 잘된 일이었다. 그리고 에메 씨가 의료실에서 환자들을 체계적으로 치료할 수 있게 한 뒤로 질병에 걸리는 일은 드물어졌다. 에메 씨는 그 뒤에 아가트를 포르루아얄*에 보내기까지 해서 프랑스에서 온 산파 간호사한테 교육을 받게 했다. 숱한 갓난아기들의 목숨을 앗아간 턱병*도 거짓말처럼 사라졌다. 그 때문에 수많은 엄마들과 산파들이 가혹한 처벌을 받고 아기

람비
불면 큰 소리가 울려 나오는 큰 조가비.

우울증
슬픔 때문에 정신이 쇠약해지고 의기소침해지는 것.

포르루아얄
오늘날의 포르드프랑스.

턱병
소아 강직 경련으로, 비위생적인 분만 환경이 원인이다. 당시에는 '턱병'이라 불렸는데, 그것은 아기 몸에서 턱부터 병이 시작되었기 때문이다.

들을 죽인 범인이라고 의심을 받곤 했다. 자기 아이들이 노예로 고통을 받으며 자라나는 것을 볼 수 없었던 몇몇 사람들, 특히 아프리카에서 온 사람들은 실제로 그런 일을 저지르기도 했지만 흔한 일은 아니었다. 생명의 부르짖음은 그토록 강했던 것이다!

쥐스틴과 크리스토프야말로 많은 아이들을 낳았다. 모두 아홉이었는데, 그중 두 아이가 어린 나이에 죽는 바람에 일곱 아이가 남았다. 아들들 첫째 마르탱과 둘째 뤼시앵, 막내 시몽과 딸들인 자벨과 카티, 쥘리와 마리 조에였다.

아가트는 사무엘을 그만큼 자주 만나지 못해서였겠지만 세 아이만을 두었고, 세 아이 모두가 살아 있었다. 가혹한 채찍질 때문에 생브리 씨의 아들인 첫째 루이를 잃을 뻔했지만 루이는 살아남았다. 하지만 루이는 어렸을 때부터 허약한데다가 시무룩했고, 다른 두 아이 마리에트와 조제프는 사는 게 훨씬 행복해 보였다. 그러나 사무엘은 루이를 진심으로 받아들여 자기 자식처럼 보살폈다. 사무엘에게 루이는 뭐니뭐니해도 아가트의 아들이었던 것이다.

18세기 말에 프랑스와 영국에서는 노예 제도를 없애려는 움직임이 시작되었다. 1807년에 영국에서는 노예 매매를 금지했고, 서인도 제도(1791년에는 산토도밍고에서, 1831년에는 자메이카에서)에서는 대규모 반란이 일어났다.

첫 번째 반란
1791년에 산토도밍고의 노예들은 군대를 조직해, 역사상 처음으로 1793년 8월에 아무런 조건 없이 즉각 노예 제도를 폐지시켰다.

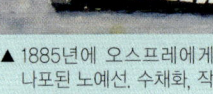

▲ 1885년에 오스프레에게 나포된 노예선. 수채화, 작자 미상

투생루베르튀르
해방된 노예인 그는 농장 주인이 되었고, 1791년의 산토도밍고 반란을 이끌었다. 하지만 1802년에 나폴레옹이 그를 체포하게 했고, 포르드주(쥐라)에 갇혀 있다가 일년 뒤에 죽었다.

끝이 난 노예 매매
1830년부터 영국과 프랑스는 노예선들을 추격하는 데 합의를 보았다. 하지만 약 4퍼센트의 노예선들만이 붙잡혔고, 암거래는 점점 줄어들면서 19세기 말까지 이어졌다.

▶ 산토도밍고 반란의 지도자 투생루베르튀르(1743~1803). 판화

처음으로 폐지된 노예 제도
1794년 2월 14일에 프랑스 제1공화국에서 노예 제도 폐지를 처음으로 공포했다. 하지만 1802년 5월 20일에 나폴레옹은 대농장 주인들의 압력에 따라 노예 제도를 부활시켰다.

▲ 1802년 9월 16일의 산토도밍고 흑인 반란. 판화

전과 같은 것은 아무것도 없었다. 온 사방에는 열띤 논쟁과 심한 말다툼, 저항의 움직임뿐이었다.

◀ 29세 때의 윌리엄 윌버포스 (1759~1833). 캔버스에 유채, 윌버포스 하우스

▶ 프랑스의 노예 제도 폐지를 기념하는 그림 '폐지된 노예제, 나는 자유인이다'. 판화, 18세기

윌버포스
영국 '노예무역폐지협회'의 설립자인 그는 1807년에 목표를 이루었다. 계속해서 투쟁을 벌이던 그는 1833년에 영국 식민지들의 노예 제도를 폐지시켰다.

산토도밍고의 독립
나폴레옹이 1802년에 노예 제도를 부활시키자, 산토도밍고와 과들루프의 노예들은 또다시 반란을 일으켰다. 과들루프 노예들은 패했지만, 산토도밍고의 노예 반란은 승리를 거두었다. 1804년 1월 1일에 도미니카 섬은 독립국이 되었고, '바닷속의 산'이라는 뜻의 '아이티'라는 이름을 되찾았다.

반란

삶은 그렇게 계속되었고, 다시 돌아온 이가 플랜테이션 농장을 완전히 뒤바꾸어 놓았을 때에도 마찬가지였다. 사무엘의 '선생님'이었던 샤를, 샤를 드 생브리가 되돌아온 것이다. 열한 살의 어린아이는 스물아홉 살의 멋진 청년이 되어 있었다. 키는 아버지만큼 컸지만 몸은 훨씬 호리호리했다. 분명히 그는 거주지에 대해 행복한 추억을 간직하고 있었다. 아마도 그것은 거주지를 떠난 뒤에 겪은 삶이 혼란스러웠기 때문일 것이다.

샤를은 그때까지 남아 있던 하인들인 니콜과 블레즈, 그리고 다른 여러 사람들과 다시 만나며 반가워했지만 사무엘이 없는 것을 알고는 실망했다. 샤를은 사무엘을 만나기 위해 토요일 밤까지 기다려야 했다.

그보다 앞서 샤를은 자기 앞에 서 있는 한 노예 아이를 보고 놀랐다. 피부가 새하얗고 생김새가 낯설지 않았던 것이다. 하지만 그 아이는 열여덟 살은 넘어 보이지 않았다. 어쩌면 샤를이 소유지를 떠난 뒤에 태어난 아이일지도 모를 일이었다.

"넌 누구냐? 내게 무슨 볼일이 있는 거냐?"

잠깐 망설인 뒤에 샤를이 물었다.

"나를 정말 못 알아보겠어요? 다들 나더러 아버지를 닮았다고 하던데요……. 당신처럼요."

북받치는 감정을 누르느라, 노예 아이의 얼굴이 붉으락푸르락해졌다.

"나처럼이라니? 그게 무슨 말이지?"

샤를은 처음 보는 그 얼굴을 유심히 살펴보았다. 어디선

가 본 듯한 얼굴이었다. 당연한 일이었다. 노예 아이는 샤를의 아버지, 빅토르 드 생브리의 얼굴을 그대로 빼닮은 모습이었던 것이다. 하지만 그 아이는 생기도 없고 훨씬 허약해 보였다.

피부색이 여실히 보여 주듯이, 그 아이는 샤를의 아버지가 가증스러운* 습관을 가진 다른 식민지의 주인들처럼 함부로 씨를 뿌려 생겨난 자식이었다. 샤를은 아이가 말을 하면 할수록 마음이 더욱 불편해졌다.

"난 간호사인 아가트의 아들 루이예요. 난 여기 이 모든 흑인들처럼 일하고 흑인들과 함께 살아야 했어요! 하지만 잘 보세요. 난 백인이에요. 당신의 형제라고요! 우리 아버지가 만약 여기에 남아 계셨다면 분명 내가 이런 부

가증스럽다
몹시 괘씸하고 얄밉다.

당한 대우를 받으며 살도록 버려 두시지 않았을 거예요…….”

하지만 루이가 억울한 사정을 얘기하면 할수록 샤를은 하늘에서 뚝 떨어진 듯한, 아니면 지옥에서 도망쳐 나온 듯한 이 형제한테서 마음이 점점 멀어질 뿐이었다. 샤를은 어떻게 할지 결정은 나중으로 미루고 아이를 돌려보냈다.

그가 그렇게 기대했던 사무엘과의 만남으로 말하자면, 샤를이 기대한 것과는 전혀 달랐다. 한 주의 일을 보고하기 위해 저택의 거실에 슬며시 들어서면서, 사무엘은 누구를 만나게 될지 이미 알고 있었다.

샤를이 사무엘에게 느끼는 감정은 주인으로서의 마음이 아니었다. 샤를은 자기가 글자 읽는 법을 가르쳐 준 어릴 적의 친구를 다시 만나게 되어 몹시 기뻐했다. 그리고 그만큼 사무엘이 자신에게 고마운 마음과 넘치는 애정을 품고 있을 거라고 생각하고 있었다.

하지만 그와는 달리 사무엘은 아무런 양심의 가책도 없이 자신이 채찍질을 당하게 내버려 둔 어린아이로만 샤를을 기억하고 있을 뿐이었다. 한순간 사무엘은 자기가 책을 읽는 걸 막으려 하고, 아가트의 몸을 뺏어 놓고는 뻔뻔하게도 뤼시 부인의 증오에 아가트를 내던져 버린 생브리 씨의 모습을 샤를한테서 보고 말았다. 그래서 두 남자는 잠시 굳은 자세로 서 있었다. 사무엘의 뻣뻣하고 정떨어지는 태도에 샤를의 반가운 마음도 곧 식어 버렸다.

두 사람은 몇 마디의 말을 주고받았고, 샤를은 루이가 말하던 아가트가 예전 어머니의 하녀이자 사무엘의 아내인 아가트라는 것을 알아차렸다.

"그렇게 해서 그 어리석은 녀석이 도련님의 보호를 청하러 왔던 겁니다. 이렇게 다 알게 되셔서 상심이 깊으시겠군요."

사무엘이 말했다.

"어떻게 해야 좋을지 모르겠군. 설령 내 아버지와 똑같이 닮았다고 해도, 아버지의 자식이라고 해서 모두 해방시켜 줄 수는 없어. 그런 아이들이 수도 없이 많을 텐데. 그러면 난 모든 재산*을 잃게 돼!"

샤를은 이렇게 털어놓았다. 그는 자신의 진실된 말로 사무엘의 마음을 누그러뜨릴 수 있기를 바라면서도 겉으로는 그런 뜻을 드러내지 않았다.

"어떤 노예들은 자유의 몸이 되는 데 주인의 결정 따윈 기다리지 않지요. 언젠가는……."

"그래? 그러니까 뭐야, 언젠가는? 계속해 봐!"

재산
노예는 식민지 주민에게 집기나 가축 같은, 물질적인 재산의 가치가 있었다.

"한갓 노예 놈이 무슨 할 말이 있겠습니까. 이만 나가 봐도 될까요?"

사무엘은 샤를을 그곳에 세워 두고 나와 버렸다. 샤를은 어리둥절해했다. 샤를은 그의 부모와는 전혀 다른 생각을 가지고 영국에서 돌아온 참이었다. 그는 근대적인 생각이라고 말했지만, 노예제 폐지론을 주장하는* 데까지 나아가지는 않았다. 자신들의 행복이 어디 있는지조차 모르는 이 흑인들에게 호의를 품는다는 것이 얼마나 어려운 일인지! 흑인들이 재산의 상당 부분을 차지하고 있을 때에는 더욱 그랬다.

> **주장하는**
> 노예 제도를 폐지하는 것만이 유일한 길이라는 생각을 옹호하는.

결국 샤를은 루이와 관련된 것을 빼고는 거주지를 꾸리는 데 큰 변화를 주지 않았다. 그렇다고 그가 루이를 정말로 측은하게 여긴 것은 아니었다. 하지만 샤를은 사실상 루이를 자유롭게 해 주는 것으로, 루이의 그칠 줄 모르는 간청과 눈물 어린 하소연을 끝맺도록 해 주었다.

루이에게 부쳐 먹을 수 있는 농장의 땅과 도시로 나가서 일할 수 있는 자유 중에서 한 가지를 고를 수 있도록 선택권을 준 것이다. 루이는 농장이라면 지겹게 보아 왔기 때문에, 고민해 보지도 않고 생피에르에 가서 일하게 되었

다. 사무엘과 멀지 않은 곳에 있었지만 이미 두 사람의 관계는 완전히 끝나 있었다.

　샤를의 멋진 생각은 농장에서 필요로 하는 것과 이웃 주민들의 생각, 지켜 온 오랜 관습에는 어긋나는 것이었다.

　어린아이들은 쑥쑥 자라나고 어른들은 늙어 가면서, 10년이란 시간이 흘러갔다.

　반란의 기운이 일면서, 노예 제도라는 단단한 땅에도 금이 가기 시작했다. 1820년대 초에, 파리나 런던에서는 섬들에 대해 이야기하고 있었다. 유색 자유인의 평등에 대해서도 이야기했지만, 나머지 흑인들의 자유에 대해 얘기하는 경우는 훨씬 적었다.

　농장 주인들은 자유인이든 노예든 가리지 않고 모든 유색 인종에게 분풀이를 했다. 노예들은 멍에*를 벗어던지고 울분을 드러내기 시작했다. 주술사들은 저주의 주문을 걸었고, 농장에는 독이 퍼졌다.

　생브리에서는 몇 건의 의문사*가 있었다. 자신의 권력에 의기양양해 있던 감독관 크리스토프는 서른 살 때보다 쉰 살의 나이에 더욱 뻣뻣하게 굴어서 존경받는 만큼 미움도 많이 샀다. 그는 처음에 독살당한 이들 중 하나였으며, 그

멍에
수레를 매기 위해 소의 머리에 씌우는 나무.

의문사
이유를 알 수 없는 죽음.

무렵에 샤를은 생뤼스의 사육장에서 괴물 같은 몰로스 개 두 마리를 들여왔고, 그 개들은 신임 감독관의 발치에 자리를 잡았다.

크리스토프와 쥐스틴의 맏아들인 마르탱은 '검은 민병대'*에 들어가는 데 성공했다. 아버지의 원수를 갚고자 했던 것이다. 반면에 어렸을 때부터 반항이 심했던 둘째 아들 뤼시앵은 채찍질을 당하고 난 어느 날 밤에 달아나 버렸다. 그는 달려서 산속으로 숨어들었지만 새벽녘에 풀어 놓은 개들이 뤼시앵을 잡으려고 찾아다니고 있었다. 뤼시앵은 그 개들을 앞질러 가고 있었던 것이다.

그는 개들의 송곳니에 갈가리 찢기고, 끈으로 꽁꽁 묶인 채 초주검이 되어 돌아왔다. 하지만 그것은 '도망 노예'한테는 당연한 일이었다. 아가트는 너무도 비참한 상태로 돌아온 조카를 의료실에 맞아들이며 눈물을 흘렸다. 아가트는 이 사실을 사무엘에게 알렸고, 사무엘은 특별히 자기 일터에서 나와 샤를을 찾아갔다. 뤼시앵에 대한 처벌을 거기서 멈추도록 하기 위해서였다.

두 남자는 변해 있었다. 샤를은 소유주인 자기 본분*으로 조심스레 돌아와 있었지만 어린 시절의 뛰어난 이해력과 사무엘에 대한 어느 정도의 애정은 여전히 갖고 있었

'검은 민병대'
국가 아닌 다른 단체에서 모집한 치안군. 여기서는 급료를 받고, 식민지 주민들의 명령에 따라 움직이는 흑인 자원병들로 구성된 군대를 말한다.

본분
사람들이 저마다 가지는 본디의 신분.

신랄
매우 날카롭고 예리함.

중재
싸움을 화해시킴.

다. 하지만 늙고 신랄*해진 노예 사무엘은 자신의 큰 꿈을 이루기에는 살 날이 얼마 남지 않았다는 걸 알고 있었다. 루이가 사무엘을 저버리고 떠난 후, 사무엘에게 남은 아이는 마리에트와 조제프뿐이었지만 아내와 아이들을 자유롭게 해 주는 꿈을 현실로 이루기에는 시간이 모자랐다. 사무엘은 샤를의 호의 같은 건 믿지 않았다.

　사무엘은 뤼시앵이 할 수 있는 한 또다시 도망칠 거라는 걸 확신했고, 심지어는 그래 주기를 바랐다. 그가 주인을 중재*하려고 하는 것은 조카가 성공적으로 도망쳐서 자유를 경험하기를 바라기 때문이었다. 그에게는 너무 늦은 일이었다.

　하지만 반란의 움직임이 번져 가고, 노예들의 거대한 물결이 농장에서 도시로 밀어닥치는 소리를 들었을 때, 사무엘은 분노한 대중들과 뒤섞이고 싶은 마음을 도저히 물리칠 수 없었다.

　그는 막내아들 조제프와 함께 있었고, 사무엘이 조제프를 안내한 것이 아니라, 조제프가 사무엘을 이끌었다. 럼주보다도 더 사람을 취하게 하는 노랫소리가 그의 주위에서, 그의 안에서 높아졌다. 가까이 있는 얼굴들에서 보이는 거라곤 불꽃이 이는 눈과, 물어뜯을 듯 빛나는 이를 드러낸 환한 미소뿐이었다. 그를 실어 가는 큰 파도는 갑작스레 거슬러 오는 물결과 맞닥뜨려야 했다.

군인들, 민병대가 거기 있었던 것이다! 반란자들은 물러섰다. 하지만 또 다른 이들은 큰 칼로 무장을 하고 앞으로 나아갔다. 하지만 민병대가 버티고 선 맞은편엔 권총들이 있었다.

땅은 노예들의 몸에서 뿌려진 피에 붉은빛으로 물들어 갔다. 임무를 완수할 수 있게 되어 의기양양해진 민병대원 마르탱은 조심스레 목표물을 겨누고 방아쇠를 당겼다. 조제프는 피를 튀기며 끝없는 비명을 내질렀으며, 사무엘은 어깨에 총탄을 맞고 쓰러졌다.

백인들과 유색 인종을 구분해 놓은 법은 19세기 서인도 제도 사회의 다양성을 설명해 주지 못한다. 대개 농장 주인들인 '베케' 옆에는 가난한 백인들이 살았다. 노예들 중에서도 감독관과 도시에서 일하는 '재주꾼 검둥이'들은 특별 대우를 받았다. 게다가 다양한 사람들의 관계에서 수많은 혼혈아들이 태어났다.

새로운 종교

가톨릭교와 아프리카 인들의 토속 신앙이 한데 합쳐지면서 독창적인 종교가 태어났다. 아이티의 부두교, 트리니다드의 샨고, 브라질의 칸돔블레가 그것이다. 아래의 작은 조각상들은 아프리카의 칼과 전쟁의 신인 부두를 상징한다. 쇠사슬은 부두의 영혼이 어떻게 해서 노예 상태에 이르렀는지를 보여 준다.

▶ 알렉상드르 다비 드 라 파유트리 (1762~1806). 캔버스에 유채, 피체트, 코트레 마을

비세트

마르티니크 섬 출신의 혼혈인으로, 1823년부터 노예제 폐지를 지지했다. 1849년에 마르티니크 섬의 의원이 된 그는 농장주들과 예전의 노예들이 화해할 것을 주장했다.

▼ 부두교 조각상들. 베냉의 폰 문화, 뉴욕

◀ 시릴 비세트(1795~1858), 판화

알렉상드르 다비 드 라 파유트리

소설가 알렉상드르 뒤마의 아버지로, 프랑스 귀족 아버지와 흑인 노예 어머니 사이에서 혼혈인으로 태어났다. 프랑스 공화국의 용감한 군인이며, 나폴레옹이 이끄는 이집트 원정군의 첫 흑인 장교였다. 1802년 5월에 그는 모든 흑인 장교들과 마찬가지로 군대에서 제명당했다.

반대 의견을 가진 농장주들

서인도 제도에서 농장 주인들은 노예 해방 문제에 반론을 내세웠다. 한쪽에서는 보상을, 또 다른 쪽에서는 무조건적인 해방을 요구했다. 본국들은 상황 변화에 따라 이 편을 들기도 하고 저 편을 들기도 했다.

▼ 19세기 말 미국의 흑인 악단. 컬러 엽서, 1893

그 아이는 샤를의 아버지가 가증스러운 습관을 가진 다른 **식민지**의 주인들처럼 **함부**로 씨를 뿌려 생겨난 자식이었다.

음악
대농장에서 흑인들은 리듬과 멜로디, 악기들을 한데 뒤섞었다. 그렇게 해서 20세기 초의 남아메리카에서, 가스펠(찬송가)과 블루스(아메리카 흑인들의 애가)에서 재즈가 탄생했다.

밤불라 춤
이 춤은 종교에 입문하는 사람들을 한데 모으는 의식이었다. 신들의 정령은 작은 북 '바부아'의 리듬에 취해 최면 상태에 빠진 참가자들을 통해 모습을 드러냈다.

◀ 서인도 제도의 밤불라 춤. 캔버스에 유채, 루이 오노레 가메인, 19세기, 라로셸

자유를 향하여

조제프는 아버지 사무엘과 함께 붙잡혀 감옥에 갇히고 말았다. 조제프의 목숨은 바람 앞의 촛불이었다. 하지만 기묘한 운명의 장난으로, 죽어 가던 사무엘은 서둘러 끝나 버린 재판 뒤에 교수형을 당한 반면, 아들 조제프는 이유를 알 수 없는 정상 참작*의 득을 보았다. 그는 처음에 유추방형*을 선고받았지만 끝내는 무죄 석방되었다.

조제프는 농장으로 너무 늦게 돌아오는 바람에 사무엘을 기리는 예배에 참석하지 못했다. 아가트가 그에게 예배가 어땠는지 이야기해 주었다.

"모든 사람들이 참석했단다. 저택 사람들과 밭일을 하는 사람들, 남녀노소 할 것 없이 다 왔지. 내가 모르는 도시 사람들까지 왔단다. 사무엘을 어떻게들 알게 됐는지……. 그들은 조용히 도착했단다. 민병대가 뛰어들어 쫓겨날

정상 참작
구체적인 범죄를 저지르게 된 상황을 고려해 형벌을 덜어 주는 것.

유추방형
한 장소나 한 나라에서 한시적으로, 혹은 영원히 쫓아내는 것.

지도 모르는데도 개의치 않았단다! 교회가 얼마나 꽉 찼는지 봐야 하는 건데! 늦게 온 사람들은 서 있어야 했단다. 그리고 나서 모두 다 함께 노래를 부르고 기도를 했지."

아가트는 눈물이 그렁그렁한 눈을 감았다. 하나로 어우러진 목소리들과, 깊은 슬픔으로 드높아진 노랫소리가 여전히 들리는 듯했다.

"그래. 확실해. 하느님께서는 모세와 그의 백성들을 이집트에서 구해 주셨는데, 우리라고 왜 속박에서 빠져나오게 해 주시지 않겠니?"

감정을 숨기기 위해 고개를 숙이고 있던 조제프는 다시 고개를 들어 나이 든 어머니를 측은하게 바라보았다. 어머

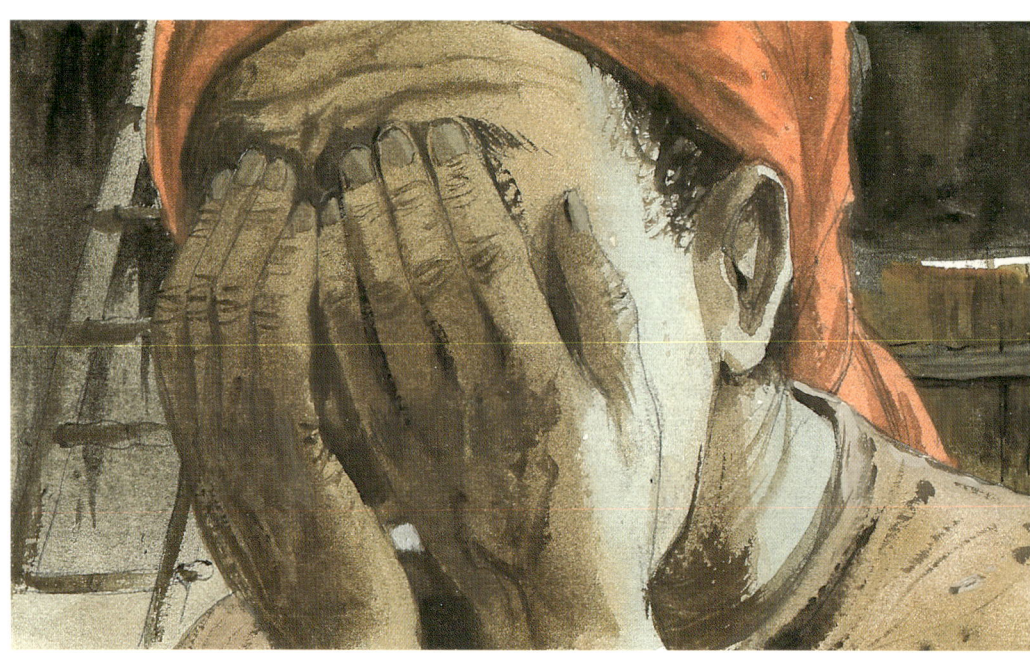

니한테서는 여전히 희망의 불꽃이 타오르고 있었다.

"모든 사람들이 눈물을 흘렸단다. 남자들은 쉬지 않고 코를 풀더구나. 너도 알겠지만, 사무엘이 우리와 함께 있는 것 같았단다……."

'그래요. 아버지의 마음과 영혼이 틀림없이 예배당을 가득 채우고 있었을 거예요.'

조제프는 생각했다.

그 일이 있고 난 뒤로 아가트의 삶은 매우 서글퍼졌다. 이제 남편도 없는 데다, 루이와 조제프가 그 뒤로 서로를 미워했던 것이다. 각자 어머니가 자기만의 어머니가 되어 주고 다른 형제는 쫓아내기를 바랐다. 어느 때보다 심하게 싸운 뒤, 아가트는 내내 울기만 하고 둘째 딸 마리에트는

조제프 편만 들자, 루이는 다시는 돌아오지 않겠다며 농장을 떠났다.

　루이가 떠나고 얼마 안 되어, 조제프도 예전에 사무엘이 그랬던 것처럼 도시로 떠났고 마리에트는 한참 뒤에야 어머니의 오두막을 떠났다. 스물일곱 살의 예쁜 처녀가 된 마리에트는 성격이 단호했고, 많은 남자들이 따랐지만 마리에트는 결단코 어느 누구도 받아들이지 않았다. 마리에트한테는 이미 두 아이가 있었고, 자신이 저택에서 일하는 동안 두 아이를 기꺼이 돌봐 주는 어머니 아가트만이 그녀의 유일한 위안이었다.

　크리스토프의 가족은 더 뿔뿔이 흩어지게 되었다. 쥐스틴은 크리스토프가 죽고 꼭 일 년 뒤에 숨을 거두었다. 뤼시앵은 아버지와 삼촌, 이제 어머니의 죽음까지, 그 모든 죽음을 딛고 일어서지 못했다. 삼촌을 존경했던 뤼시앵은 형 마르탱이 삼촌 사무엘에게 총을 쏘고 삼촌을 체포하게 했다는 얘기를 조제프한테 들었다. 그 일이 아니어도 뤼시앵과 마르탱 두 형제는 사이가 좋지 않았고 서로에게 완전히 돌아섰다. 뤼시앵은 또다시 산속으로 도망쳤고, 이번에는 붙잡히는 일 없이 도망 노예들의 야영지에 도달할 수 있었다. 도망 노예들은 그곳에서 변변찮은 농사를 짓고 약탈을 하며 늘 경계를 늦추지 않고 살았지만, 적어도 그들은 자유로웠다.

언제나 그렇듯이 딸들은 시간이 흐르면서 멀어져 저마다 남자와 일, 아이들한테 매이게 되었다. 서른 살의 자벨은 이미 삶에 지칠 대로 지쳐 있었고, 카티는 남편의 주인에게 팔려 떠났다. 카티의 새 주인은 모질기로 악명이 높은 사람이었다. 자매들 중 가장 예쁜 쥘리는 섬을 지나던 한 프랑스 인이 그녀한테 푹 빠져 그녀의 몸값을 치르고 프랑스로 데려갔다. 이제 거주지에 남은 자식들이라곤 맏딸 자벨과 막내 시몽, 마리 조에뿐이었다.

1830년대 초에 조제프는 혼란 속에서 살았다. 샤를은 당시 한창 수리 중이던 생피에르의 희극 극장에 그의 일자리를 얻어 주었다. 사무엘의 아들답게 조제프는 글을 술술 읽고 쓸 줄 알았고, 그 덕분에 조제프는 집사* 곁에서 일할 수 있었다. 그런데 생피에르 극장은 유럽의 가장 위대한 예술가들이 찾아오는 마르티니크의 문화 중심지일 뿐만 아니라 정치적 동요의 근원지이기도 했다. 조제프는 사람들이 새로운 생각을 주고받고, 결투 신청이 오가는 것을

집사
한 시설의 안살림을 맡은 사람. 오늘날의 극장의 관리인을 말한다.

들었다.

집에 돌아가면 아내 나누와 아들 티사무엘이 있었다. 아내와는 생브리 거주지의 교회에서 결혼식을 올렸고, 아들의 티사무엘이라는 이름은 자신의 아버지를 기억하기 위해 붙여 준 것이었다. 조제프는 종종 잠든 아들을 바라보며 나직이 중얼거렸다.

"너한테 맹세하마. 너는 네 할아버지의 운명을 겪지 않게 해 주겠다고 말이다! 넌 자유로운 몸으로 사람들에게 존중받게 될 거다. 넌 위대한 사람이 될 거야."

게다가 아내 나누는 1832년에 세금*이 없어지자마자 옛 주인이 공식적으로 해방시켜 준 자유인이었고, 티사무엘도 그 혜택을 누렸다.

가족 중에 단 한 사람, 조제프만이 아직 노예로 남아 있었다. 누이 마리에트나 농장에 남아 있는 사촌들의 처지와는 전혀 다르긴 했지만 말이다. 어쨌든 그는 노예라는 신분 때문에 경찰의 검문을 받고 욕설을 듣고, 때로는 매질까지 당했다. 하지만 그럴수록 조제프는 자유와 평등에 대한 바람을 더욱 굳게 다졌다.

1836년 조제프는 무대 뒤에서 뜻깊은 장면을 보게 되었

> **세금**
> 1831년까지는 노예를 해방시켜 주려면 세금을 내야 했다. 이는 명목상의 자유인, 다시 말해 공식 허가증이 없는 자유인들이 많았음을 설명해 준다.

다. 자기도 모르게 눈에 눈물이 그렁그렁 맺혔다. 처음으로 유색 인종들이 그곳 극장 안에서 백인들 옆에 앉아, 불이 꺼지고 연극이 시작되기를 기다리고 있었던 것이다. 물론 그것은 자유인들의 얘기였다. 그들은 부자였고, 그들 자신이 노예를 부리고 있었다. 하지만 그것은 프랑스를 시작으로 자유인들 간의 모든 인종 차별이 금지된 1830년부터의 일이었을 것이다. 조제프가 6년이라는 시간을 기다린 끝에 본 광경이었다. 생피에르 사람들에게는 현실이 되었지만, 마르티니크 섬의 사람들에게는 아직 꿈에 불과했다! 하지만 장벽은 무너지고 있었다.

그런데 중요한 일은 생피에르에서 멀리 떨어진 파리에서 일어나고 있었다. 조제프는 여기저기서 모은 프랑스 신문들을 통해서만 그곳 소식을 계속 접할 수 있었다. **시릴 비세트***는 유색 인종들, 물론 자유인들이 처한 상황에 대한 작은 책을 프랑스 친구들을 통해 퍼뜨리면서 식민지 백인 주민들의 분노를 불러일으켰다. 마르티니크에서 실형을 선고받고 프랑스로 추방당했지만, 유색 자유인들과 노예들을 계속해서 변호하던 비세트는 채찍을 완전히 없앨 것을 요구했다! 그 소식을 처음으로 읽고, 조제프는 몸을 떨

시릴 비세트
1795~1858, 마르티니크의 정치가.

었다. 눈으로 보거나 귀로 들었던 주변 사람들의 모습들이 머릿속을 스쳐 지나갔다. 진정 채찍이야말로 노예 제도의 전형적인 수단이자, 증오해 마지않는 상징이었다.

상황이 정말로 달라지는 것을 보려면 1840년대까지 기다려야 했다. 노예들을 가장 놀라게 한 것은 '업무 관련 소송'이었다. 이제부터 주인들은 노예를 고문할 수 없을 뿐 아니라, 그래도 학대하는 사람은 재판을 받고 형을 언도* 받았다. 그것은 진정한 혁명이었다.

노예들의 교육이 뒤를 이었다. 식민지 주민들은 노예들에게 종교적인 가르침을 주는 것으로 만족하려고 했지만, 곧이어 기초 교육도 등장했다. 조제프는 티사무엘을 선교단의 훌륭한 목사들에게 보냈다. 티사무엘 역시 크나큰 확신을 품고 선생님들한테 용기를 얻어, 자기도 가르칠 수 있는 사람이 되기 위해 계속 공부했다.

몇 해 전부터 신문에 등장한 새로운 이름이 점점 더 자주 눈에 띄었다. 노예제 폐지를 적극 지지하는 확신에 찬 이름, 바로 빅토르 쇨세르*였다.

언도
재판장이 판결을 알림.

빅토르 쇨세르
1804~1893, 프랑스의 공화주의 정치가.

프랑스 식민지에서는 1848년에, 미국에서는 1865년에 노예제가 폐지되었다. 그것은 백인과 흑인 노예제 폐지론자들의 투쟁과 노예 반란의 결과였고, 미국의 경우에는 남북 전쟁이라는 끔찍한 내전의 결과였다.

미국의 게티스버그 전투

남북 전쟁(1861~1865) 중에서 가장 피비린내 나는 전투 중 하나였다. 노예제 폐지에 반대하는 남부 연합군과 노예제 폐지를 지지하는 북부 연방군이 서로 맞서 싸웠다. 북군이 승리했지만, 사망자 수는 엄청났다. 사흘 만에 총 51,000명의 병사들이 목숨을 잃었다.

▼ 1863년의 게티스버그 전투, 판화, 생통

> 너한테 **맹세하마.** 너는 네 할아버지의 운명을 겪지 않게 해 주겠다고 말이다! 넌 **자유로운** 몸으로, 사람들에게 **존중**받게 될 거다.

프레드릭 더글러스

흑인 노예 어머니와 농장주인 백인 아버지 사이에서 태어난 그 역시 노예였지만 21세에 도망 노예가 되었다. 교사이자 저널리스트였던 그는 자서전을 썼다. 평생 동안 노예제에 맞서 싸우고, 흑인과 백인의 평등을 옹호했다.

▶ 프레드릭 더글러스(1817 ~1895)는 1889년부터 1891년까지 아이티 섬의 총영사를 지냈다.

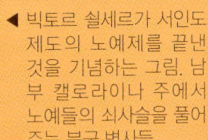

◀ 빅토르 쇨세르가 서인도 제도의 노예제를 끝낸 것을 기념하는 그림. 남부 캘로라이나 주에서 노예들의 쇠사슬을 풀어 주는 북군 병사들

프랑스의 노예제 폐지

급진 공화주의자 빅토르 쇨세르(1804~1893)는 제2공화국(1848~1851)의 정치가였다. 노예제의 '즉각적이고도 완전한' 폐지를 요구하며 1848년 4월 27일자 법령을 조인하게 했다. 이 법령을 통해 노예 소유주들의 보상을 계획했지만, 해방된 노예들은 땅도, 보상금도 받지 못했다.

▲ 여자 노예의 쇠사슬을 풀어주는 북군. 캔버스에 유채, 1863년

▲ 노예 해방 선언서를 읽고 있는 사람들. 프랑스 식민지에서의 노예제 폐지, 캔버스에 유채

남북 전쟁의 원인

실업가들이 많이 거주하는 미국 북부의 주에서는 노동력과 토지를 필요로 했고, 노예제의 폐지를 주장했다. 농장 주인들이 차지한 남부의 주들은 이에 반대하며 자신들의 자치를 요구했다.

종전

1863년에 링컨 대통령은 모든 노예들의 해방을 공포했다. 이것은 북군이 마지막 승리를 거두는 데 유리하게 작용했다. 남북 전쟁은 2년 뒤에 끝이 났고, 60만 명(당시 인구 3,100만 명)이 넘는 사망자를 낳았다.

1848

배로 대서양을 가로지르려면 한 달이 넘게 걸렸으므로, 3월 말이 되어서야 섬사람들은 2월 25일에 프랑스에서 **공화국***이 선포되었고 파리에서는 노예의 자유를 싸워 얻어 내기 위해 애쓰고 있다는 사실을 알았다!

소식은 순식간에 퍼졌다. 도시와 소유지는 흥분의 도가니가 되었고, 생브리의 신임 관리인은 화산 위에 올라앉은 기분이었다. 그는 노예들의 일을 중단시키고 그들에게 사정을 해명하고자 했다. 흥분에 들떠 있는 노예들 중 어떤 이들은 당장 급료를 지불해 주기를 원했고, 다른 이들은 떠날 준비를 했다.

"어디로 가려고?"

관리인이 물었다.

"자유로울 수 있는 곳이라면 어디든지요!"

공화국
1852년 12월 2일까지 지속된 제2공화국을 말한다.

시몽이 부르짖었다.

"농장이 더 이상 보이지 않는 곳이라면 더욱 좋지요."

시몽의 동료들이 덧붙였다.

관리인은 참을성을 가지고, 좀 더 현실적인 여자들의 도움을 받아 노예들을 설득했다. 아이들을 돌봐야 하는 것은 여자들이었기 때문이다. 먹을 것과 머물 집이 필요할 텐데, 그것은 일을 다시 시작한다는 조건 아래 생피에르에서만 구할 수 있다는 것이었다.

아직 문제가 모두 해결된 것이 아니라 새 정부가 해결책을 내놓을 때까지는 기다려야 한다고도 말했다. 관리인은 마지막으로 하루 휴식 시간을 한 시간 더 늘려 주고, 정해진 급료를 지불하기 전에 일단 조금씩의 돈이라도 주겠으니 일을 계속 해 달라고 제안했다.

협상이 도처에서 벌어진 것은 아니었다. 어떤 농장들은 텅 비어 있거나, 아예 일이 중단된 상태였으며, 여기저기서 갈등이 일어났고, 작은 사건들이 늘어났다. 규율은 갈수록 잡기가 어려워졌다.

그리고 결국 커다란 소요* 사태가 일어났다. 5월 22일, 조제프는 생피에르로 몰려든 시위자들의 끝없는 물결과 맞닥뜨렸다. 조제프는 곧바로 방향을 틀어 그들을 따라갔다.

소요
여럿이 떠들썩하게 소란을 피움.

그러다가 되돌아가던 행렬의 선두와 곧 부딪히게 되었다.

"무슨 일입니까? 무슨 일이 일어난 거죠?"

도처에서 사람들이 똑같은 질문을 해 댔지만, 그 소란 속에서는 서로의 목소리가 들리지 않았다. 마침내 한 목소리가 똑똑하게 들려왔다.

"노예제가 곧 폐지된답니다! 시의회에서 시에 노예 제도를 즉각 폐지하라고 요구했답니다!"

열광적인 시위자들은 노래를 부르고 기쁨의 함성을 지르

며 생피에르를 떠났다. 기쁨에 찬 조제프는 티사무엘을 만나러 갔다. 결혼한 지 얼마 되지 않은 티사무엘은 출산 예정일이 가까워진 아내를 감히 혼자 내버려 둘 수가 없는 상태였다. 조제프를 맞이한 건 아들 티사무엘이었고, 연약한 그의 아내 앙투아네트는 엄청나게 부른 배를 감당하기 힘들어 하는 듯 보였다.

"아, 얘들아! 이제 됐다! 곧 있으면 틀림없이 노예제를 폐지한다는 발표가 있을 거다! 넌 조금만 기다리렴. 자유의 땅에서 아이를 낳게 될 테니 말이다!"

조제프는 며느리의 배를 쓰다듬으며 덧붙였다.

"쉿, 아버님. 아버님 때문에 애가 겁먹을 것 같아요. 그럼 아예 나오려고 하지 않을지도 모르잖아요!"

앙투아네트가 웃으면서 말했다.

감격에 겨운 티사무엘은 아버지와 아내 중 누구를 얼싸안아야 좋을지 몰랐다.

하지만 기뻐하기에는 너무 일렀다. 서로 간의 오해와 터무니없는 실수가 원인이 되어, 백인과 흑인들 사이에 무자비한 총격이 오가고 폭동이 다시 벌어진 것이다.

무고한 사람들이 그 사이에 말려들어 마구 죽임을 당하

면서, 그날 하루는 혼란과 폭력으로 얼룩진 피웅덩이 속에 저물었다.

그다음 날이 되어서야, 시의회 투표가 끝난 뒤에 총독이 공식적으로 마르티니크에서의 노예제 폐지를 선포했다. 바로 그날, 티사무엘과 앙투아네트의 딸이 태어났고, 부부는 딸의 이름을 '리베르테(자유)'라고 지었다.

6월 3일, 마르티니크의 대표자가 섬으로 돌아와, 4월 27일에 파리에서 노예제 폐지를 위한 법률이 결정되었으며, 6월 27일부로 시행*될 거라는 걸 알렸다. 모든 게 끝난 것이다!

시행
실지로 행함.

에필로그

　5년 뒤에 누군가 조제프의 집 문을 두드렸다. 조제프는 문을 열었고, 밖의 방문객을 놀란 눈으로 쳐다보았다. 어디선가 만난 적이 있는 사람 같은데 어디서일까?
　"아, 삼촌. 저는 피에로예요. 삼촌의 사촌인 뤼시앵이 제 아버지예요."
　"피에로? 그게 너라고? 뤼시앵의 아들이라고!"
　조제프는 탄성을 올렸다. 조제프는 피에로를 얼른 두 팔로 감싸며 열렬히 끌어안았고, 피에로를 자리에 앉혔다.
　"꼬마 녀석일 때 너를 마지막으로 보았는데. 네 아버지가 죽기 바로 전이었지. 뤼시앵은 내가 만나러 와 주기를 바랐었지……."
　북받쳐 오르는 감정에, 조제프는 잠시 잠자코 있었다.
　"고약한 뤼시앵 형, 네 아버지는 우리와 함께 살 수가 없었다! 네 아버지한테는 어떤 일이 있어도 자유가 필요했어. 심지어는 여자도 원치 않았지. 그 때문에 그렇게 늦게 결혼을 한 거란다. 네가 우리 티사무엘보다 어린 걸 보렴. 이런! 그런데 내 얘기만 하고 있었구나. 이제 네가 좀 얘기해 보려무나. 도망 노예들 대부분은 노예제가 폐지된 뒤에 산에서 내려왔는데, 넌 아니냐?"

"저도 내려왔지요. 사실 티사무엘과 삼촌을 보러 왔어야 했지만 제겐 모셔야 할 어머니가 계셨어요."

"이해한다. 일자리는 쉽게 찾았고?"

"처음에는 그랬죠. 그러다가 시간이 흐르면서 농장이나 증류소에서도 점점 밥벌이가 신통치 않았어요. 그러니 일하지 않는 게 낫지요!"

"무슨 그런 생각을!"

"그래요, 그럴 자격도 없죠! 조금 전엔 수첩*이 없다는 이유로 붙잡혔으니까요! 그자들이 저를 감옥에 데려가려고 했지요! 저는 도망쳤고요."

이번에는 조제프가 웃음을 터뜨렸다.

"그 아버지에 그 아들이로구나! 어디로 갈 셈이냐?"

"노예제도 돌아왔으니 산속으로 돌아가려고요!"

"그건 노예제가 아니다! 프랑스에서 공화국이 끝나고 제

수첩
1852년에 의무적으로 나눠 준 수첩. 농장 일꾼들은 일한 기간을 적게 했다.

138

국*이 들어섰기 때문이다. 그래서 자유가 없는 거야!"
"백인들과 부자들은 예외잖아요! 백인들은 절대 믿지 마라. 이게 아버지가 말씀하신 교훈이었죠."

'자유, 평등, 박애라……. 공화국을 위한 얼마나 멋진 표어인가! 자유, 평등, 박애가 프랑스로 되돌아오게 될까? 내가 그 말이 진짜가 되는 날까지 살아 있을 순 없겠지만, 내 후손들은 보게 될 거야. 틀림없어.'

조제프는 생각했고, 조제프의 생각은 옳았다. 그는 오래 전에 죽었고, 프랑스가 다시 공화국이 되어 자유, 평등, 박애라는 저 유명한 표어를 되찾았을 때 티사무엘은 노인이 되어 있었다. 하지만 자유와 평등, 박애를 현실로 만들기 위해서는 달려야 할 길과 쓰러뜨려야 할 장애물, 이끌어 나가야 할 투쟁이 숱하게 남아 있었다.

제국
1851년부터 1870년까지 나폴레옹 3세가 프랑스를 통치한 제2제정.

노예 매매와 노예 제도가 낳은 결과가 지워지기까지는 아주 오랜 시간이 걸렸다. 어떤 백인들, 유럽 인들이나 아메리카 인들은 흑인에 대한 편견을 버리지 못했다. 좋게 생각하는 것이 자신들과 다르다는 것이었고, 나쁘게는 흑인들이 열등하다고 생각했다.

반인륜적인 범죄
2001년 5월 10일, 프랑스는 노예제와 노예 매매가 반인륜적인 범죄였음을 인정했다.

▼ 1870년에 스트라스부르에 재건된 아프리카 마을

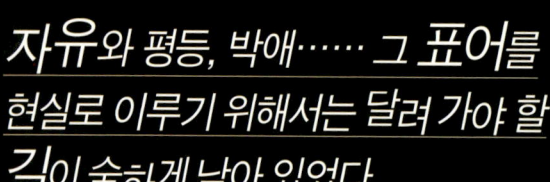

자유와 평등, 박애…… 그 표어를 현실로 이루기 위해서는 달려 가야 할 길이 숱하게 남아 있었다.

식민지 전시회
20세기 초에 프랑스에서 열린 이 전시회에서는 아프리카를 원시 사회로 소개했다.

▼ 바나니아 광고

식민주의
19세기 말에 아프리카 전역을 통제하면서 유럽 인들은 '미개인들을 개화'시켜야 하는 필요성과 노예제를 끝내야 할 필요성까지 내세워 가며 자신들의 식민지 정복과 식민 정책을 정당화했다.

인종 차별을 담은 그림
인종 차별의 한 형태는, 오른쪽에 있는 20세기 초의 광고가 보여 주듯이 흑인은 어린아이로, 백인은 놀 거리만 생각하는 이 어린아이을 교육시켜야 하는 부모로 여기는 것이다.

쿠 클 럭 스 클 랜 (KKK단)

남북 전쟁이 끝난 뒤인 1867년에 미국 남부에서 생겨난 인종 차별적인 극우 비밀 단체. 이 단체의 목적은 흑인들에게 공포감을 심어 주고, 그들의 권리를 행사하지 못하게 하는 것이다.

▲ 조지아 주의 KKK단 모임. 1954년

유색 인종 분리

1880년대부터 인종 분리 체제가 미국에 자리를 잡았다. 분리된 흑인과 백인은 각자 그들만의 학교, 교회, 음식점이 있었다. 나란히 걸어갈 수 있는 곳이라도 함께 공유할 수 있는 것은 아무것도 없었다.

◀ 1950년 미국 북부의 캐롤라이나 주에 있던 세면대. 하나는 흑인(영어로 'colored'라고 쓰여 있는 것), 다른 하나는 백인('white') 전용이었다.

막을 내린 인종 분리 체제

미국의 인종 분리 체제는 매우 서서히 사라져 갔다. 1948년에 군대에서부터 사라지기 시작해, 그 뒤에는 연방 국가의 압력과 강력한 저항의 움직임 때문에 1960년대와 1970년대의 시민 사회에서도 사라졌다.

마틴 루터 킹

1929년에 미국 남부에서 태어난 흑인 목사. 인종 분리 체제를 끝낼 것을 요구하는 비폭력 저항 운동을 이끌었다. 1964년에 노벨 평화상을 받았고, 1968년에 암살당했다.

▶ 미국에서는 매년 1월 셋째 주 월요일을 마틴 루터 킹의 생일로 기념하고 있다. 마틴 루터 킹, 1961년 5월 1일

역사에서 소설로

● 증거와 자료들

아프리카 인들이 어떻게 납치되었고, 그들의 대서양 항해가 어땠을지에 관심이 있는 사람이라면, 그와 관련된 증거 자료가 없다는 어쩔 수 없는 어려움에 맞닥뜨리게 된다. 그것에 관해 글을 쓸 수 있는 가능성이 거의 없는 것이다!

단지 유럽 여행객들이 드물게 전한 이야기나, 몇 가지 물질적인 흔적(예를 들면 포로들의 몸을 죄었던 갈퀴나 노예선 평면도 같은 것들), 상인들의 회계 장부를 통해, 노예 매매가 어떻게 이루어졌고 어떤 일화들이 있었을지 재구성해 볼 수 있을 뿐이다. 플랜테이션 농장과 도시 노예들의 삶이라면 식민지 주민들의 편지와 유산으로 양도한 재산 목록을 통해 알려져 있다.

19세기에 들어서야 뒤늦게 몇몇 노예들, 해방되고 교육받은 노예들이 자기들의 삶의 이야기를 썼다. 예를 들어, 미국인 노예였고 열성적이고 급진적인 노예제 폐지론자였던 프레드릭 더글러스는 1845년에 자서전을 출간했다.

그 당시에는 노예제 폐지론을 주장하기 위한 증언이 필요했다. 소설가들과 철학자들도 종종 그들의 글을 통해 같은 목표를 추구했다.

● 이야기와 변론

18세기 이전의 유럽 작가들은 노예들의 운명에 거의 관심을 갖지 않았다. 몽테스키외, 볼테르(《캉디드》, 1759), 그레구아르 사제는 자신들의 책에서 노예제의 원칙을 비난한 초기 인물들이다.

해리엇 비처 스토(1811~1896)

미국 북부의 열렬한 노예제 폐지론자 집안 출신의 소설가이다. 그녀는 자신이 방문한 적 있는 남부의 노예제 지지론자들의 땅에서 일어난 일들을 적은 《톰 아저씨의 오두막》을 썼다. 이것은 그녀의 첫 소설로 미국에서 100만 부가 넘게 팔렸다.

▼ 해리엇 비처 스토

19세기에는 빅토르 위고가 두 번째 소설 《뷔그-자르갈》(1826)에서 노예의 운명을 주제 중 하나로 삼았다.

노예제를 반대하는, 노예제에 관한 소설이 나온 것은 미국에서였다. 해리엇 비처 스토의 《톰 아저씨의 오두막》(1852)이 그것이다. 이 책의 성공으로, 미국과 전 세계의 노예제 폐지론자들의 움직임은 매우 큰 힘을 얻게 된다.

● 저자의 편견

우리의 목표는 두 가지 여행, 즉 아프리카에서 아메리카로의 공간 여행과, 노예제 시작에서 노예제 폐지까지의 시간 여행에 대해 이야기하는 것이었다.

몇 세대에 걸친 이야기를 펼쳐 나간 것은 그 때문이다. 노예제에 관한 이야기는 비통하고도 격분을 불러일으킨다. 그러한 이야기를 더욱 잘 전하기 위해, 우리는 고통을 받았던 이들의 관점을 택하기로 했다.

앞서 이야기했듯이, 노예들에 관한 증거 자체가 드물기 때문에 이것은 위험한 시도였다. 그리하여 우리는 역사적 자료들을 최대한 존중하기 위해 수많은 전문가들의 책을 참조했다.

이 이야기의 분위기, 등장인물들의 감정과 반응을 상상하기 위해서 우리는 앙드레 슈바르츠 바르트의 《물라토 여인의 고독》(1967), 마리즈 콩데의 《세구》(1984~1985), 파트릭 샤무아조의 《노예 노인과 몰로스 개》(1997)와 같은 고증된 소설과 프레드릭 더글러스의 《놀라운 증언》(1845)에서 영감을 얻었다.

▲ 파트릭 샤무아조(1953년생) 《크레올리테 예찬》(1989)을 장 베르나베와 라파엘 콩피앙과 함께 썼다.

노예제에 대한 기억

20세기부터 서인도 제도의 작가들(에메 세제르, 프란츠 파농, 에두아르 글리상, 마리즈 콩데, 라파엘 콩피앙, 파트릭 샤무아조 등)은 이 고통스러운 영감과 성찰의 근원을 끊임없이 탐구했다. 이들 중 대다수 작가들에게 선대의 노예제에 관한 기억은 서인도 제도 사람의 정체성 혹은 '혼혈 문화(크레올리테)'를 구성하는 주요 요소이다.

어린이부터 청소년까지

프랑스 갈리마르 인물 역사 총서

신화와 역사 속 영웅을 찾아 떠나는 놀라운 지식 여행!
인문 교양 지식 분야에서 세계 최고인 프랑스의 갈리마르 출판사에서 발행한
역사, 인물, 신화, 문명에 대한 종합적인 교양서!

 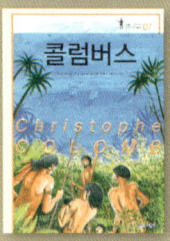   

 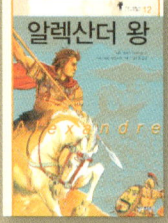   

 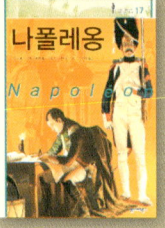   

01 이집트 신	06 율리시스	11 예수	16 다윈
02 아서 왕	07 콜럼버스	12 알렉산더 왕	17 나폴레옹
03 로마 건국자	08 카이사르	13 잔 다르크	18 노예
04 알라딘	09 마르코 폴로	14 해적	19 그리스 신화
05 모세	10 레오나르도 다 빈치	15 바이킹	20 클레오파트라